JN037344

TOEIC® L&R TEST
超速スコアアップ特急
Part2&5を狙え

Jun
Ross Tulloch

朝日新聞出版

◀ 音声を聴く方法 ▶

スマートフォンで聴く方法

AI 英語教材アプリ abceed

iOS・Android 対応

無料の Free プランで音声が聞けます

https://www.abceed.com/

※ご使用の際は、アプリをダウンロードしてください
※abceed 内には本書の有料アプリ版もあります
※使い方は、www.abceed.com でご確認ください

パソコンで聴く方法

本書の音声は、下記の朝日新聞出版HPから
ダウンロードしてください。

https://publications.asahi.com/toeic/

Google などの検索エンジンで

朝日新聞出版 超速スコアアップ特急

と入力して検索してください。

編集協力 ───	渡邉真理子
	Daniel Warriner
	株式会社 Globee
執筆協力 ───	藤枝暁生
	前澤孝哉
録音協力 ───	英語教育協議会（ELEC）
	東健一
	Emma Howard 🇬🇧
	Howard Colefield 🇺🇸
	Neil Demaere 🇨🇦
	Sarah Greaves 🇦🇺

Part 2 & Part 5

第3章 **テスト本番に備える予想問題**

 コラム　リスニング上達のヒント

みなさんはどこを目指していますか？

私の場合は、990点満点を目指しました。

なぜ満点を目指したのか、そして結果的にどうやって満点を取ったのか、をまずは自己紹介代わりに説明したいと思います。

もちろん、満点なんて要らないという方が多いと思いますし、700点目標、800点目標、900点目標の方もたくさんいらっしゃると思います。ですので、厳密な意味ではあまり参考にならないかもしれません。

けれど、あえてはじめに「Jun方式」をお伝えします。

□ 質を量でカバーする
□ 能力を努力でカバーする
□ 同じ人間が達成していることをあたしに出来ないわけがない

です。

本書を手に取ってくださった方のなかには、私のような普通の社会人で、天才でもなければ自由に留学できるわけでもない方もいらっしゃるはずです。「同じようなハードな勉強はできないし、したくもない」としても、本書を手にしてくださったのも何かのご縁、最後まで読み進めていただけますと幸いです。

私がTOEICに本気で取り組み始めたのは2012年のことです。それまでは、学生時代から得意だった英語は趣味とし

て細々と勉強を続けていました。大学時代に1度だけ受験したTOEICは720点。当時は「まぁまぁできたし、これでいいか!」と1度きりで満足していました。

社会人になってTOEICから遠ざかっていました。いつの間にかシステムエンジニアの仕事にも慣れ、ふと、少し他のこともいろいろやってみようと思い立ち、TOEICを受けてみました。

その後、インターネットでTOEIC関連の情報を探すと、TOEIC界の大御所、神崎正哉先生のブログに出会いました。しかも、偶然そのタイミングで、神崎先生ご自身が1日で5模試を解くというブログ記事を投稿されていたことが人生の転機となります。そして、何も考えずにコメント欄に「どこで開催されますか? 私も参加できますか?」と書き込みました。そのコメントに神崎先生から返事があり、もともとはお一人で解かれる予定だったとのことでしたが、オンラインで参加させていただけることになりました。当日はSkypeで神崎先生と二人で通話しながら朝6時から23時頃まで休憩を挟みつつ、5つの模試を解きました。2時間の模試を1日で5つです。2012年の夏でした。

当時の最新スコアは885点だったと記憶しておりますので、5回の模試をこなすのはかなりのボリュームです。なんとか1日を乗り切った私は、その日以来、900点超えを目指して勉強を開始しました。神崎先生から「音読がいいよ」とご教示いただいたので、模試本はあまり使わず、毎日『新TOEIC® TEST 900点特急 パート5＆6』(加藤優先生)を使ってPart 5の音読を3ヶ月行い、その後に受験したTOEICはなんと970点! 3ヶ月という短期間の勉強で885点から970点になったことで楽しくなり、寝ても覚めてもTOEIC、TOEIC。他の何よりもTOEICを優先する日々が始まりまし

た。これが人生を大きく変えた１つ目の出来事です。

　それからしばらくして都内で定期的にTOEICの勉強会が開催されていることをTwitterで知り、たびたび参加するようになりました。その中には、「TOEIC特急シリーズ」でもお馴染みの八島晶さんや、藤枝暁生さん、渡邉淳さんらもいて、仲良くなりました。そしてさらに私の意識を変える出来事がありました。ある日、勉強会後の懇親会で、あの濵﨑潤之輔先生の隣の席に座る機会に恵まれたのです。すごい人とはつゆ知らず990点を取得されていることを伺い、「え！TOEICって満点が出るんだ！　この方も私も同じ人間。同じ人間が達成できていることを自分にできないはずがない！」と考え、無謀にも990点を目指すことにしました。それまでは満点を取ろうなんて微塵も考えたことがありませんでした。これが人生を大きく変える２つ目の出来事となりました。

　そして、当時、私が書いていたブログにこんなふうに書き留めました。冒頭で紹介したものです。

□ 質を量でカバーする
□ 能力を努力でカバーする
□ 同じ人間が達成していることをあたしに出来ない
　わけがない

Jun

　都内の勉強会やTwitterで徐々にTOEIC仲間が増えました。同じテストの勉強をしている仲間がいるとモチベーションを保つことができます。その中でも濵﨑さんは１日２模試解いていると伺ったので、システムエンジニアとして多忙な日々を送る中で、私も真似をして大量の模試を解くことを継続しました。そして、ついに、運命の１日５模試から１年半

後、2013年の12月のTOEICで初の990点満点を取得しました。

当時の生活は朝4時起床、7時まで勉強し、通勤電車の往復で2時間、帰宅後に1〜2時間、これらすべてをTOEICの勉強に費やしました。会社では、ランチの誘いは全て断り、10分で昼食を済ませ、50分は勉強をする日々。つまり平日でも6時間以上の勉強時間を確保していました。休日は10時間以上勉強したり、長期休暇では懲りずに1日5模試、6模試を解いたりしていました。

2022年8月末現在、TOEIC TEST 990点満点取得回数は26回となりました。

新型コロナウィルスの蔓延もあり、2020年はまともに受験ができませんでしたが、今現在でも可能な限り受験しています。

 ## どれくらい本気ですか

ここでは、私が実際に毎日のルーティーンとして実行していた内容も含め、勉強時間確保のコツと1週間のスケジュールサンプルをご紹介したいと思います。勉強に確保できる時間・集中できる時間は人それぞれなのですが、少しでも参考になる部分があれば嬉しいです。

🚆 勉強時間確保のコツ

残業や休日出勤の多いお仕事をされている方、子育て中の方、ご家族の介護がある方、事情はそれぞれです。私も長らくシステムエンジニアというかなりハードな仕事をやっていたので勉強時間の捻出は常に課題でした。

そんな中でTOEICスコアアップを確実に、そして計画的に進めるには、

『ムダな時間を減らす』
『スキマ時間を利用する』

ことがカギになります。

　1日24時間は誰にも平等に与えられています。ありきたりな方法ですが、NetflixやHulu、YouTubeの視聴で貴重な時間をムダにしてないか、テレビやマンガで気が付いたら何時間もたっていた、なんてことはないかチェックしてみましょう。その上で、バスを待つ時間や電車を待つ時間を利用します。1分もあれば単語をいくつも覚えることができます。車通勤や自転車通勤ならリスニング音源を聴くこともできます。お風呂・トイレ・家事をする間も耳が空いているなら、勉強時間に当てることは可能です。仕事が終わり、家に帰ると誘惑が多く、だらだらしてしまう場合は、カフェに立ち寄り30分でも勉強時間を作ると短時間で集中して勉強することができます。

時間節約ポイントはこれ！

- ☑ **娯楽時間を減らす**
- ☑ **通勤時間を利用する**
- ☑ **ながら勉強を増やす**
- ☑ **カフェで強制的に勉強する時間を確保する**

🚌 週間スケジュール

　ムダな時間をできるだけ削減しつつ、スキマ時間を利用することで勉強時間を少しでも増やすことができたら、1週間のルーティーンを決めてしまいましょう。ここでは大まかな勉強時間を提案してみますが、ご自身のライフスタイルにより、アレンジしてみてください。

　もっと時間の確保ができそうな方は、勉強時間を増やしてください。難しい場合でもなんとか時間を捻出してみてください。どうしても難しい場合は、勉強できる時間の中でより一層集中してください。

　ちなみに、私の場合、SE時代は朝3時間TOEICの勉強をしてから会社に出勤していました。たとえば、こんな勉強メニューです。

仕事のある日

① 起床〜出勤　3時間
　　新しいTOEIC問題を解く、前日解いた問題を復習する（復習ノートを作る・音読）

② 通勤時　1時間
　　TOEICリスニング音源を聴きながら、休日や朝の勉強で作成した復習ノートを読み込む

③ 昼休み　50分
　　新しいTOEIC問題を解く

④ 帰宅時　1時間
　　TOEICリスニング音源を聴きながら、休日や朝の勉強で作成した復習ノートを読み込む

⑤ 帰宅後〜就寝　1時間
　　①と③で解いた問題を復習する（音読・ディクテーション）

休みの日

① **起床～朝食　3時間**

　　新しいTOEIC問題を解く、その問題を復習する（復習ノートを作る）

② **朝食後～昼食　3時間**

　　①で解いた問題を復習する（復習ノートを作る・音読・ディクテーション）

③ **昼食後～夕食　3時間**

　　新しいTOEIC問題を解く、その問題を復習する（復習ノートを作る）

④ **夕食後～就寝　1時間**

　　③で解いた問題を復習する（音読・ディクテーション）

　単純でほぼ毎日同じようなことしかしていませんが、この継続が力になったと信じています。

　もちろん、これは私の場合なので一例に過ぎません。1年と半年で885点から990点を達成した学習方法ですから、皆さんはもっと少ない時間と労力で目標スコアを達成できるかもしれません。下記に私がスケジュールで工夫した3つのポイントをまとめておきます。一つでもお役に立てれば幸いです。

**(1) 問題を解いて丁寧な復習をする
ルーティーンを作ること**

　　習慣化してしまえば、問題を解いて→復習をする、この繰り返しでずっと勉強ができます。知識が増えれば増えるほど、間違いの数が少なくなるので、大量に問題を解いても、復習にかかる時間は減っていきます。

(2) 復習ノートを見直す時間を毎日作ること

　私の場合は、Google Documentsを使用した復習ノートに、間違えた問題や、正解だったけれど迷った問題、なぜ間違えたかの理由などをまとめていました。これなら、パソコンで入力したものも通勤時の混雑した電車内でもスマホひとつで復習をすることができます。この復習ノートは試験の当日も会場でスマホの電源を落とすまでは使えます。何より自分だけの復習ノートなのでどんな問題集より最適にカスタマイズされたものを使うことができます。

(3) 勉強メニューを場所・タイミングにより
　　固定すること

　電車に乗る時は、座れないこともあり、TOEICのリスニング音源を聴きながら、スマホで復習ノートを見返すことで勉強をしていました。逆に自宅では問題集や模試を大きく広げて問題を解き、間違えた問題や理解の不十分だった箇所をパソコンでGoogle Documentsの復習ノートに入力したり、大きな声で音読したりします。こうして場所やタイミングによってメニューを決めてしまえば、あとはやるだけなので簡単です。

第1章

Part 2 & Part 5
攻略のための
基本戦略と基本練習問題

基本的な問題で
ウォームアップ!!

🚃 時間の確保が容易・精神的負担も少ない

　Part 1〜7まで全てのパートを勉強するための時間の確保が難しい、模試を解く2時間は確保できても集中力が続かない、という TOEIC 学習者の方が多いものです。まずは Part 2と5だけで良いということになると気軽に勉強が始められ、しかも、大きな負担なく「継続」できることがいちばんのメリットです。続けられるからスコアが上がります。私も、実は Part 7は苦手で、あの大量の文章を読むことを考えるだけで、気持ちがどーんと落ち込むこともありました。それに引き換え Part 2、5は気楽に始められます。「1問だけやってみようかな」と始めてみたら、「いつの間にか10問もやっていた」なんてこともあります。

🚃 聴く量・読む量が少なく、
　負担が少ないので続けやすい

　まず、Part 2、5は聴く量・読む量が少なく負担が少ないので、初中級者にも取っつきやすく勉強が続けやすいパートです。1問1問の分量が少ないとスキマ時間で「ちょっとだけやろうかな」という気にもなりますね。逆に他のパートは語数が多く、やる気を保つことがなかなか難しく、急に長いリスニングやリーディング問題に取り組むと集中力も続きません。Part 2、5なら時間的負担も体力的負担も最小限に抑えることができます。

🚃 頻出パターンを押さえることで確実に正解できる

　また、Part 2、5は、頻出パターンを繰り返しやっておくことで、似たような問題に遭遇したときに対応しやすいパート

でもあります。何度もディクテーションや音読をやっていくと、似たような問題が出題されていることに気がつきます。自分がどんなパターンに弱いかも見えてきます。他のパートと比較して、正解数を増やす、つまり、スコアアップに直結しやすいパートになっています。

🚌 Part 2 & 5 で勉強をすると
他のパートも正解率が上がる

そして、Part 2 ができるようになると、Part 1、3、4 も少しずつ聴き取れるようになり、徐々に他のリスニングパートの勉強も苦痛ではなくなります。Part 5 も同様に、1センテンスで作られる Part 5 の問題が正しく理解できるようになれば、ある程度長さのある文章の Part 6、7 も少しずつ正確に理解できるようになります。本書で紹介している Part 2 と 5 の復習方法である音読とディクテーションをコツコツ続けていけば、必ず他のパートの正解率も上がります。これが超速でスコアアップするための秘訣です。

個人的な経験ですが、Part 5 の正確な理解と音読でリスニング力さえ伸びます。これは、読んでも（目）、聴いても（耳）、瞬時に理解できる語彙が増えることと、正しい文法で構成された文を音読することで耳から聴こえてきた英語がカタマリごとで理解できるようになるためです。つまり正解のパターンがどんどん刷り込まれていくのです。試験本番では、その積み重ねた知識を取り出すことで正しい解答が選べるようになります。

このように、Part 2、5 どちらのパートも、他のパートと比較して語数が少なく、頻出パターンがある程度決まってお

り、それらを頭に入れることにより攻略できる問題が多いため、TOEICの勉強を始めたばかりの方や初級者の方でもコツを掴めば正解率がぐんと上がります。

　一方、すでに950点を超えるハイスコア保持者も「990点満点」の壁の前で最後まで苦労するのがPart 2とPart 5です。これはすでに990点満点を取得している方や限りなく満点に近い方でも同じように感じるはずです。ここまでに述べてきたようにPart 2、5は勉強することへのハードルが低く、スコアアップにつながりやすいパートではありますが、Part 2では一瞬聴き逃すと正解を選ぶことができなくなります。この点、Part 3やPart 4では聴き逃しがあったとしても後続の部分でヒントが出てきて救われることがあります。Part 5も同じように短い文であるために、狭い範囲で判断するべき問題となっていて、知らない単語や文法事項を問われたときにはそれだけでお手上げになってしまいます。このような理由で、すでにハイスコア帯にいる受験者の方も、Part 2、5は継続して対策が必要になるパートなのです。

　つまり、正解数がまだまだ少ない場合には、スコアを上げやすく費用対効果が大きく、また一方で、上級者が全問正解しようとすると最後の数問で苦戦するパートでもあります。

　やればやるだけ目標に近づくなら、やるしかないですね！Part 2、5を攻略することが目標スコア達成に最もコスパが良く、近道であることをわかっていただけたかと思います。

さて、それでは、どのように Part 2、5 を攻略していくかについて説明します。

本書では Part 2 はディクテーション、Part 5 は音読で苦手な問題をひとつひとつずつ潰し、出題パターンを体に叩き込むように学習する方法をとっています。

まず、ディクテーションは耳から聴こえた英語を文字におこして、正しく聴き取れているかを確認する作業です（詳しいやり方は後述します）。音読は文字情報を頼りに声に出して問題のパターンを刷り込んでいく作業です。

🚌 ディクテーション Before & After（Jun の場合）

私の場合は、Part 1 と Part 2 の復習の時にディクテーションをしていました。ディクテーションを復習に取り入れる前と後でどんな変化があったかをお伝えしておきたいと思います。

Before

ディクテーションを取り入れる前は、ナレーターの話し方の癖を難しく感じる場合（特にイギリス発音やオーストラリア発音）や、話す速度、聴き慣れないフレーズのときには細部まで聴き取れず、なんとなく雰囲気で解答を選んでいました。

また英語では、代名詞や前置詞などは「機能語」といって、他と比較して重要ではない単語は弱く速く読まれます。それに対して「内容語」である名詞や副詞・形容詞は強くはっきり読まれるので聴き取りやすくなります。これが理由で、私の場合も目立つ単語、よく知っている単語のところだけ聴き取り、あとは想像で埋めていたので、間違えることもよくありました。

　ディクテーションを取り入れると、全ての単語について書き取ろうとするので細部まで頑張って聴こうという意識が働きます。半ば強制的に短縮形や省略形も正確に聴きとる努力を始めます。たとえば、She's been なのか She'll be なのか正確に聴き取ることにまで意識が向くようになるのです。私の場合、これによりリスニング力は飛躍的に向上し、安定してリスニング495点満点を出せるようになりました。

　細部までスクリプト通りに聴き取れる力がついてくると、音に対しての意識を少し低くして、残ったエネルギーを、時制や修飾関係含め、意味・内容にフォーカスできるようになります。これができるようになると、さらに正解率が上がっていきます。

🚃 音読 Before & After（Jun の場合）

　次に音読についてです。本書の「どのくらい本気ですか？」でも書きましたが、私が885点だった当時、約3ヶ月間 Part 5 の音読を毎日ひたすら声が枯れるほどやっていたら、970点まで点数が上がりました。この体験から Part 5 の音読を色々な方に勧めています。音読を TOEIC 学習に取り入れる前と後でどんな変化があったか当時を振り返りながらお伝えしたいと思います。

Before

　音読を学習に取り入れる前は、英文1文を理解するのに単語と文法知識を駆使して内容を把握していました。つまり単語と単語のよくある組み合わせ（コロケーション）を強く意識せず、英文1文をなんとなくふんわりと理解をするイメー

ジです。また、副詞の位置や自動詞・他動詞の見分け方も適当な感覚で処理することが多く、よくミスをしていました。

After

音読をすることにより、コロケーションの感覚が無意識に高まり、この単語の時はこの単語がくるだろう、と選択肢を見る前に予想できる問題が増えてきました。これは動詞と目的語だけでなく、前置詞とその目的語の組み合わせや、形容詞と副詞、動詞と副詞、比較級・最上級と相性の良い副詞も含まれます。

また、音読では1文まるまる音読をするので、語順や自動詞・他動詞や能動態・受動態を含めた動詞の使われ方、時制の判定要素となるキーワードまで、自然な英語の感覚が身についてきます。辞書を引いて単語を調べたり、語彙を覚えることにプラスして、単語の使い方がより実践的に身についたりするので、見た瞬間に解くことができる問題が増えますし、間違えることがなくなりました。

基本練習問題

　まずは基本的な問題のハーフセット Part 2を13問、Part 5を15問を、実際に解いてみましょう。

　Part 2では、大きく分けて2つの応答パターンがあります。投げかけられた質問に対して直接的に応答しているものと、間接的に応答するものです。後者は、質問に対して質問で返していたり、あるいは、ちょっと違った角度から応答をしたりするものです。この基本練習問題では主に前者の、質問に対して直接的に応答している問題の練習をしてみましょう。

　Part 5は、空所前後だけで解ける問題とそうではないものがあります。選択肢に品詞の異なる語句が並んでいる問題や前置詞の問題は文全体を確認しなくても解けることが多い一方、接続詞の問題や時制の問題は文全体を確認する必要があるものが多い傾向があります。解答スピードを上げるためにも、空所前後だけで正解がわかるものかどうかにも注目しながら解いてみてください。この基本練習問題では主に空所前後だけで解きやすい問題を集めました。

　問題を解く時は、100％の自信を持ってマークする問題以外はすべて「?」マークをつけて、正解をしても"なんとなく選んで正解した"問題は復習できるようにチェックしておきましょう。

Part 2の問題には、下記の5つのパターンがあります。

> ① 5W1Hの疑問詞を使う疑問文
> ② 5W1Hの疑問詞を使わない疑問文
> ③ 付加疑問文
> ④ 選択疑問文
> ⑤ 平叙文

一般的に①から⑤の順に難易度が高くなる傾向にあります。

普段の問題演習の時や復習の際に、この分類を意識して解答する習慣をつけましょう。正答率・解答スピードが飛躍的に向上します。

1. Mark your answer on your answer sheet. 01

2. Mark your answer on your answer sheet. 02

3. Mark your answer on your answer sheet. 03

4. Mark your answer on your answer sheet. 04

5. Mark your answer on your answer sheet. 05

6. Mark your answer on your answer sheet. 06

7. Mark your answer on your answer sheet. 07

8. Mark your answer on your answer sheet. 08

9. Mark your answer on your answer sheet. 09

10. Mark your answer on your answer sheet. 10

11. Mark your answer on your answer sheet. 11

12. Mark your answer on your answer sheet. 12

13. Mark your answer on your answer sheet. 13

本書の解説では、特定の単語やフレーズがどんなふうに聴こえるか、あるいはネイティブが言うとどんな発音なのかを、発音記号ではなく、アルファベットやカタカナ・ひらがなを組み合わせることによってベストな表現にしています。例えば、No. 1の問題では、「learn aboutの部分は"lear naばうっ"のように」と書いてあります。この書き方は私Junの感覚によるものなので、特にこれといったルールはありませんが、こんなイメージで音を考えればいいのかなと捉えていただければと思います。

1. 5W1Hの疑問詞を使う疑問文　◀）01

Woman: How did you learn about this company?

Man: (A) A friend suggested it.
(B) It's fine, thanks.
(C) It's running well.

女性：この会社をどのようにして知りましたか？

男性：(A) 友人が勧めてくれました。
(B) いいですよ、ありがとう。
(C) うまくいっています。

正解 (A)

Howから始まる疑問文で、この会社をどうやって知ったのかが問われています。「友人が勧めてくれた」とその方法を直接的に答えている (A) が正解です。(B) や (C) は How about?に対するひっかけの応答、あるいは何かの調子がどうかを問う場合の応答になっています。

ディクテーション時は、一語一語区切って読まれるのではなく learn about の部分は lear na ばうっのように、suggested it は、suggeste di つのように発音される事をチェックしておいてください。コラム・リスニング上達のヒント(1)の「1 破裂しない音」で、詳しく後述します。

語注

□ **learn about** 〜について知る、学ぶ
□ **suggest** 動 〜を勧める、提案する

2. 5W1H の疑問詞を使う疑問文

Man: What did Mr. Chang ask you to send to him?

Woman: (A) I told him.
(B) This morning.
(C) The survey results.

男性：Chang さんに何を送ってくれと頼まれたのですか？
女性：(A) 私が彼に伝えました。
(B) 今朝です。
(C) アンケートの結果です。

正解 (C)

基本的な 5W1H の質問に応答する問題で、質問文の疑問詞は What です。これに対して直接的に「アンケートの結果」と頼まれた内容を答えている (C) が正解です。(A) は Who に対する応答、(B) は When に対する応答です。この質問文は少し構文が難しいと感じる方もいるかもしれません。ask 人 to do で「(人) に〜することを頼む」という意味です。こ

こでは Chang さんがあなたに何を彼に送ってと頼んだかが問われているので、頼んだ人(Mr. Chang)と頼まれた人(you)、誰に送るか(him)、3者の関係をもう一度確認しておきましょう。

send to の部分でdがほとんど聴こえないくらい弱くなり sen ッ to ように聴こえますが、ディクテーション時は、send to と正しく書けるように注意しましょう。これは後述のコラム・リスニング上達のヒント(1)「①破裂しない音」で詳しく扱います。

語注

□ **ask 人 to do** (人)に〜することを頼む
□ **survey** 名 アンケート、調査
□ **result** 名 結果

3. 5W1Hの疑問詞を使う疑問文　　(03)

Man: What time do you think Mr. Hammond will get back from Seattle?

Woman: (A) I think so, too.
(B) After lunch.
(C) On my way.

男性：Hammond さんがシアトルから戻ってくるのは何時だと思いますか？

女性：(A) 私もそう思います。
(B) ランチの後です。
(C) 私が行く途中で。

What time と時間が問われており「ランチの後」と直接的に
応答している (B) が正解です。(A) は質問文の do you think
にひっかけた誤答の選択肢で、(C) も「いつ」「どこ」という
問いへの応答に使われることはありますが、この質問文への
応答と考えると話がつながりません。質問文が「何時に戻っ
てくるか」を直接聞いているのではなく、「戻ってくるのは何
時だと（あなたは）思うか」を聞いていることも確認しておき
ましょう。この場合は What time の直後に do you think が
挿入され、その後は will Mr. Hammond get back ではなく
Mr. Hammond will get back と平叙文の語順で主語、動詞
が続きます。

ディクテーション時は、Seattle が「シアトル」ではなく、
sea や－ddle のように、ttle の t が「速い d」に聴こえるこ
とも確認してみてください。コラム・リスニング上達の
ヒント(3)「⑤ flap /t/」で他のパターンも是非チェックし
てみましょう。

語注

□ **get back from**　〜から戻る

4. 5W1H の疑問詞を使う疑問文　🔊04

Woman: Where would you like me to put these
parcels?

Man: (A) Just leave them by the door.

(B) Do you need a hand?

(C) Anytime before four o'clock.

女性：この小包をどこに置いてほしいですか？

男性：(A) ドアのそばに置いておいてください。
(B) 手伝いましょうか？
(C) 4時以前であればいつでも。

正解 (A)

Whereから始まる疑問文で、小包をどこに置いてほしいか聞かれています。「ドアのそばに置いて」と直接的に場所を応答している(A)が正解です。場所を聞かれていることがわかれば難しくはなく、時間について答えている(C)は不正解であるとすぐにわかるでしょう。ただ、問いかけのwould like me toというフレーズに戸惑ってしまうと(B)も正解に思えてしまうかもしれません。would like 人 to doは、want 人 to doと同じ用法で「(人)に〜してもらいたい」の意味になるので、覚えておきましょう。would like me to doと次の問題のwould like to do の違いも確認しておいてください。

ディクテーション時は、putやjustの語尾のtがほとんど聴こえないことや、leave themのthもかなり弱くなっていることを確認してみてください

語注

□ **parcel** 名 小包、包み
□ **need a hand** 手伝ってもらいたい

5. 5W1Hの疑問詞を使わない疑問文

Woman: Would you like to come with me to the conference in Paris?

Man: (A) She loved it.
(B) I can't this time.
(C) I don't eat meat.

女性：パリの会議に一緒に行きませんか？

男性：(A) 彼女はそれを気に入りました。
(B) 私は今回行けません。
(C) 私は肉を食べません。

正解 (B)

Would you like to ～は、提案をしたり、相手の希望を聞いたりするときに使われる表現です。ここでは「一緒に行くこと」を提案しており、「今回は行けない」と断っている (B) が正解です。(A) は Would you like の like を「好き」と解釈した場合のひっかけ、また、(C) は me を meat と聴き間違えた際のひっかけです。また、come は「来る」という意味ですが、ここでは come with me で「一緒に行く」という意味になります。

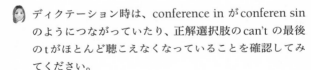 ディクテーション時は、conference in が conferen sin のようにつながっていたり、正解選択肢の can't の最後の t がほとんど聴こえなくなっていることを確認してみてください。

語注

□ **Would you like to do** ～しませんか？
□ **conference** 名 会議

6. 付加疑問文の一種　　　　◀06

Man: You're in charge of making arrangements for the banquet, right?

Woman: (A) It's fully charged.
(B) The bank closes at five o'clock.
(C) I sure am.

男性：宴席の手配を担当していますよね？

女性：(A) フル充電されています。
(B) 銀行は5時に閉まります。
(C) 確かにそうです。

正解 (C)

肯定文の文末に、～, right? をつけて「～ですよね？」と「宴席の手配を担当している」ことを確認しています。文末に、～, aren't you? をつけると、付加疑問文になります。この問いに対して「確かにそうだ」と答えている (C) が正解です。ここで sure は surely に置き換えることができます。I am (in charge).「私 (が担当) です」を「確かに」と強調する意味で挿入されています。 (A) は、「～の担当で」という意味の in charge of の charge にひっかけた選択肢です。(B) は banquet が bank に聴こえた人へのひっかけです。

ディクテーション時は、charge of がつながって発音され、さらに前置詞 of が限りなく弱く発音されることにも注目してみましょう。of は「おv」というより「ぅv」のように曖昧な「ぅ」と v の音で構成されています。これは後述のコラム・リスニング上達のヒント(2)「③ 曖昧母音」で扱っている schwa [ə] の音です。音源を聴いて、はっきりした「お」の音ではないことをチェックしてみましょう。

語注

- □ **in charge of** 〜の担当で
- □ **make arrangements for** 〜を手配する
- □ **banquet** 名 宴席、宴会
- □ **charge** 動 〜を充電する

7. 5W1Hの疑問詞を使う疑問文

Man: Why don't you ask Tony if we can borrow his camera?

Woman: (A) In the cabinet.
(B) Here you are.
(C) Good idea.

男性：Tonyにカメラを借りられるか聞いてみたらどうでしょう。

女性：(A) キャビネットの中です。
(B) はい、どうぞ。
(C) いい考えですね。

正解 (C)

Why don't you は何かを提案するときに使われる表現です。ここではカメラを借りられるか聞いてみることを提案しているので、「いい考えですね」とその提案に同意している (C) が正解です。(A) は場所を聞かれた時の応答で、(B) は人に物を手渡す時の表現です。

ディクテーション時は、cameraがどちらかというとcamraのように真ん中の音が「メ」ではなく「ム」に近いこともじっくり聴いてみてください。「メ」というはっきりした母音の音ではなく、曖昧に力を抜いて発音すると

「ム」に近くなります。後述のコラム・リスニング上達の
ヒント(2)「③ 曖昧母音」に該当します。

語注

□ **borrow** 動 〜を借りる
□ **cabinet** 名 キャビネット、棚

8. 選択疑問文

> Woman: Would you like a ride to the theater, or will
> you make your own way there?
>
> Man: (A) I have my car today.
> (B) We made some time.
> (C) Reserving tickets for the show.

女性：映画館まで送ってほしいですか？ それとも自分で行きま
　　　すか？
男性：(A) 今日は車があります。
　　　(B) いくらか時間ができました。
　　　(C) 観劇チケットの予約です。

正解 (A)

A or Bの形で、「送って欲しいか自分で行くか」どちらが
良いか問うセリフから始まっています。「今日は車がある (か
ら自分で行く)」と回答している (A) が正解です。(B) は
make your own wayと同じmakeの過去形madeを使った
ひっかけの応答、(C) はtheaterに関連する tickets for the
showを使ったひっかけの応答になっています。たとえば、
What are you doing later today ? などと聞かれたら (C) が
正解になります。

ディクテーション時は、一語一語区切って読まれるのではなく make your の部分は may cure のように音がつながって発音される事をチェックしておいてください。

🗙 語注

□ **a ride to ～** 　～へ車で送ること
□ **make one's own way** 　自分で行く

9. 5W1Hの疑問詞を使う疑問文

Woman: Who was responsible for ordering flowers for the lobby?

Man: (A) That was Terry's job.
(B) They're in the right order.
(C) She's at her desk.

女性：ロビーの花を注文する担当は誰でしたか？

男性：(A) それは Terry の仕事でした。
(B) 彼らは正しい順序で配置されています。
(C) 彼女は自分のデスクにいます。

正解 (A)

Who から始まる疑問文で「誰が担当だったか」を尋ねています。これに対して「Terry の仕事だった」と答えている (A) が正解です。Terry was. のように直接的に「Terry でした」と応答するのではなく、「それは Terry の仕事でした」と応答しているので少し難易度が上がっています。(B) は「注文する」の ordering を「順序」の order と勘違いした場合の誤答の選択肢です。(C) は Where で場所を聞かれた際の応答になります。

ディクテーションの時は、比較的弱く読まれる冠詞の theや前置詞のfor、また、所有を表すTerry'sの'sの部分 も正しく書き取れることを確認してください。細部まで 気を配って丁寧なディクテーションをすることでリスニ ング力が確実に上がっていきます。

語注

□ **responsible for**　～を担当している
□ **order**　動　～を注文する
□ **in the right order**　正しい順序で
□ **at one's desk**　自分のデスクで、着席中で

10. 平叙文　　　🔊10

Woman: I haven't received a progress report from the team working on the Clark Bridge.

Man: (A) Shall I give them a call?
(B) There's a walking path.
(C) It's my pleasure.

女性：Clark橋に取り組んでいるチームから進捗報告を受け取っ ていません。
男性：(A) 電話をかけてみましょうか。
(B) 歩道があります。
(C) どういたしまして。

正解 (A)

最初のセリフが疑問文ではなく平叙文なので少し難易度が 上がっています。現在完了形であることもこの問題を難しく しています。I haven't received で表現されているのは「(今

頃は受け取っていてもおかしくないのに、まだ）受け取っていない」というニュアンスです。これに対して「電話をしてみましょうか」と解決方法を提案している (A) が正解です。(B) は、working と walking の音のひっかけです。(C) はお礼を言われた時の応答なので意味がつながりません。

👩 ディクテーション時は、give them a の th がかなり弱く発音され、さらに them と a がつながっていることも正しく聴き取って、書くときには give them a と書けるようにしておきましょう。

❎ 語注

- □ **receive** 動 〜を受け取る
- □ **progress** 名 進捗、経過
- □ **report** 名 報告
- □ **work on** 〜に取り組む
- □ **give 人 a call** （人）に電話をかける
- □ **walking path** 歩道

11. 平叙文　　　◀11

Man: Let's ask Trevor to pick up our guests at the airport.

Woman: (A) That was nice of him.
(B) Is he free today?
(C) I'm going to Florida.

男性：Trevor に空港でお客さんを車で迎えに行くように頼みましょう。

女性：(A) それをするとは彼は親切でしたね。

(B) 彼は今日空いていますか?
(C) 私はフロリダに行きます。

正解 (B)

最初のセリフがLet'sで始まっていて「Trevorに空港でお客さんを車で迎えに行くように頼みましょう」という提案をしています。これに対して「彼は今日空いていますか」と質問をしている(B)が正解です。つまり、Trevorが空港に迎えに行く時間があるかどうかを確認する内容となっています。最初の提案に直接的に応答するのではなく、質問で答えているため難しい問題となっています。(A)はTrevorがもう空港に迎えに行った場合の応答で、「迎えに行くとは彼は親切だったね」という意味になります。また(C)はairportというキーワードからのひっかけです。

ディクテーション時は、Let'sとaskがつながっていたり、guestsとatがつながっていたりすることをよく聴いてみてください。また、応答のIs heの部分はhがかなり弱くなって聴こえることも確認してみてください。

語注

□ **pick up 人** （人）を車で迎えに行く、車で拾う
□ **nice of 人** （人）は親切で
□ **free** 形 空いている、暇な

12. 平敘文

◀12

Man: There's no paper left in the storage room.

Woman: (A) No, they're on the right.

(B) Shall I order some?

(C) I gave them to him.

男性：倉庫には紙が残っていません。

女性：(A) いいえ、それらは右にあります。

(B) 私がいくつか注文しましょうか？

(C) 私が彼に渡しました。

正解 (B) 🚄

すこし難易度の高めな問いかけとなっています。最初のセリフが肯定文の上、no paperであり、否定の意味になっています。left以降がpaperを後ろから修飾していて、「倉庫に残っている紙はない」という意味になります。これに対して「注文しましょうか」と解決策を提案している(B)が正解です。someはもちろんsome paperのことです。(A)は、「ありません」と言われて「右にあります」と応答していますが、paperは不可算名詞なので主語はtheyにはならないため不正解です。(C)も同様でpaperは不可算名詞なので代名詞に置き換えるとthemではなくitとなります。

👩 ディクテーション時は、left in のt は in とつながり、lef tin のように聴こえることを確認してみてください。

✉ 語注

□ **left** 動 leave「〜を残す」の過去分詞

□ **storage** 名 倉庫、保管

37

13. 平叙文

◀13

Woman: The event planner is coming to discuss the room layout today.

Man: (A) Thanks, I will.
(B) They're on your desk.
(C) Can I join you?

女性：今日はイベントプランナーが部屋のレイアウトについて話し合いに来ます。

男性：(A) ありがとう、そうします。
(B) あなたの机の上にあります。
(C) ご一緒してもよろしいですか？

正解 (C)

最初のセリフが平叙文で、どんな応答がくるか予想できず難易度が上がっています。「イベントプランナーが話し合いに来る」という内容に対して「ご一緒してもよろしいですか？」と質問で応答している(C)が正解です。(A)は「あなたも来ますか？」「話し合いますか？」と誘われたと聴き間違えた場合のひっかけです。(B)は、Whereで問われた場合の応答になります。

この文でディクテーションの時に間違える方は少ないかもしれませんが、eventはアクセントの位置を間違える方がとっても多いです。アクセントのある位置を大文字で表すと、Eventではなく、eVEntです。VEの部分にアクセントがあることにも注目して音源を聴いてみましょう。誤ったアクセントの位置で覚えていると、前後の語の並びによっては聴き間違える恐れがあります。

語注

□ **discuss** 動 ～を話し合う

解いた問題の自己採点は終わりましたか？

・何問100％の自信を持って正解したか
・何問なんとなく正解したか
・何問間違えてしまったか

それぞれメモしておきましょう。

100％自信を持って正解	問
なんとなく正解	問
間違えた	問

ここからが勉強の始まりです。

次のToDoリストを使って1問1問丁寧に復習しましょう。

Part 2　復習ToDoリスト

☑ **知らない単語・表現を調べる**
☑ **文法構造を確認する**
☑ **聴き取れない要因を分析する（速度・音の変化・未知語）**
☑ **不正解の選択肢がなぜ不正解か確認**

　さて、解いた問題について不明点を調べ、一通り復習ができました。ここからさらに『ディクテーション』で、リスニング力を鍛えていきましょう！

この、ひと手間がスコアアップにつながります。

🚌 **ディクテーションのやり方**

① 紙とペン（鉛筆）、または、パソコン上ならメモ帳ソフトなどを準備する

② 1センテンスずつ止めて、聴こえてきた文を書き起こす

③ 聴き取れない場合は、3回程度聴き直す
　　この時は何回目で聴き取れたか書いておく

④ スクリプトをチェックし、スペルまで正しく書き取れているか確認する

　やり方①〜④の手順でディクテーションをして、下記のチェックリストで、きちんとできたか確認しましょう。

Part 2　ディクテーションチェックリスト

☑ **3回聴き直しても聴き取れない箇所をメモした**

☑ **スペルまで正しく書き出すことができた**

☑ **音だけではなく意味を理解して書き出した**

☑ **登場人物・背景を想像しながら書き出した**

　それでは、先ほど復習をしたセットのディクテーションを
やってみましょう。ここでは、不正解選択肢は除き、最初の
セリフと正解選択肢のペアだけを抽出しました。このことに
より、**正解のパターンとリズムを掴む**ことができます。疑問文
で直接的に応答している正解選択肢であれば、パターンは不
要かもしれませんが、ちょっと捻ったものだと途端に場面が
思い浮かびづらくなります。たくさんのパターンを経験し、
どんな人がどんな相手にどんな場面で話しかけているかを
瞬時に思い浮かべることができるようにパターンとリズムを
掴んでいきましょう。

　ひとつ注意点としては、パターンを掴むためには音だけに
注目してディクテーションするのではなく、意味にも意識を
向けることが大切です。音と意味の両方に注意を向け、ディ
クテーションをやってみましょう。音を正確に聴き取ること
ができ、状況を映像としてイメージできるようになることが
理想です。

1. *Woman:* How did you learn about this company?

   Man: A friend suggested it.

2. *Man:* What did Mr. Chang ask you to send to him?

   Woman: The survey results.

3. *Man:* What time do you think Mr. Hammond will get back from Seattle?

   Woman: After lunch.

4. *Woman:* Where would you like me to put these parcels?

   Man: Just leave them by the door.

5. *Woman:* Would you like to come with me to the conference in Paris?

   Man: I can't this time.

6. *Man:* You're in charge of making arrangements for the banquet, right?

   Woman: I sure am.

7. *Man:* Why don't you ask Tony if we can borrow his camera?

   Woman: Good idea.

8. *Woman:* Would you like a ride to the theater, or will you make your own way there?

   Man: I have my car today.

9. *Woman:* Who was responsible for ordering flowers for the lobby?

   Man: That was Terry's job.

10. *Woman:* I haven't received a progress report from the team working on the Clark Bridge.

   Man: Shall I give them a call?

11. *Man:* Let's ask Trevor to pick up our guests at the airport.

   Woman: Is he free today?

12. *Man:* There's no paper left in the storage room.

   Woman: Shall I order some?

13. *Woman:* The event planner is coming to discuss the room layout today.

   Man: Can I join you?

リスニング上達のヒント (1)

 このコーナーではリスニング上達のヒントとして、ネイティブが実際にどのように発音しているか、基本的なルールをお伝えします。

① 破裂しない音（無開放閉鎖音） ◀58

語尾または音節の最後に t、d、p、b、k、g があるときに、強く息を出さずに、聴こえるか聴こえないくらいに軽く発音します。完全に音が消えるわけではなく、その音を出すつもりで口の形や舌の位置を準備します。

たとえば、こんな感じです。

□ but
語尾の t は限りなく弱く
/ bʌt / （バット）

□ odd
語尾の d は限りなく弱く
/ ɑːd / （アーッ d）

□ pop
語尾の p は限りなく弱く
/ pɑːp / （パーッ p）

□ web
語尾の b は限りなく弱く
/ web / （ウェッ b）

□ book
語尾の k は限りなく弱く
/ bʊk / （ブック）

□ dog
　語尾のgは限りなく弱く
　/ dɔːg /　（ドーッg）

□ bedroom
　語中のdは限りなく弱く
　/ˈbedruːm /　（ベッdルーM）

2 音のつながり

　特定の音が隣り合わせると「融合同化」（Coalescent Assimilation）が発生します。

例

/t/ + /y/ ⇨ /tʃ/
□ not yet
　/nɑːtʃet/　（ナーッチェッ）

/d/ + /y/ ⇨ /dʒ/
□ told you
　/toʊldʒə/　（トゥLジュ）

/s/ + /y/ ⇨ /ʃ/
□ miss you
　/mɪʃə/　（ミシュ）

/z/ + /y/ ⇨ /ʒ/
□ as you
　/əʒuː/ または /əʒə/　（アジュ [ー]）

このルールを知っておくだけで正しく聴き取れること
が増え、異なる単語やフレーズとして誤って認識してし
まうことを避けることができます。

　本書のコラムの中で使う発音記号には、/ˈbedruːm/の
bの左肩にある/ˈ/を含むものがあります。2語からなる
ものやカタカナを含む表記からは除いている場合があり
ますが、この記号/ˈ/は、直後の音節にストレスがある、
つまりその単語のアクセントがあるという意味です。ス
トレスの位置を間違えて覚えているとリスニング時に違
う単語に聴こえてしまって間違いを誘発しやすくなりま
す。音読で練習する際にもこの記号に注意して記号のす
ぐ後の音節、たとえば、/ˈbedruːm/の例では/be/の部分
を強く読むように気をつけましょう。

Part 5のテスティングポイントは、多岐にわたりますが、ざっくりグループ分けすると、下記の5つです。

> ① 文法事項を問う問題
> ② 文の構造を問う問題
> ③ 語彙を問う問題
> ④ 語法を問う問題
> ⑤ 品詞を問う問題

実際の試験でも No. 101 ～ 130 の問題を漫然と解くのではなく、何が問われているかを意識して解答する習慣をつけましょう。正答率が高くなり、解答スピードも格段に上がるはずです。

また、英文を正確に把握するのに一番重要なのは「主語」と「動詞」を正しく把握することです。問題に取り組む時にも主語と動詞の組み合わせに注意して読み解いていきましょう。

1. Rather than relying on a catering company to provide food for the event, Ms. Wright had ------- own staff prepare the dishes.

(A) herself
(B) hers
(C) she
(D) her

1. 品詞を問う問題

正解 (D)

空所直後に own があるので、(D) her を選びます。見た瞬間に解くことができる問題です。知らなかった場合は、それぞれ「〜自身の」という意味になる my own, your own, his own, our own, its own, their own もすぐに反応できるように覚えておきましょう！ この表現を知らなかった場合でも、own staff を修飾する所有格の her を選ぶと正解できます。また、主節の had her own staff prepare the dishes は、「使役動詞」の have が使われており「have＋人＋動詞の原形」で「(人)に〜してもらう」という意味になることもチェックしておきましょう。

冒頭の rather than「〜よりむしろ」は、この文脈では instead of や in place of、あるいは、もう少し難しい表現なら in lieu of などと置き換えられます。これらの表現が空所として問われる場合もあるので覚えておきましょう。

訳 Ms. Wright は、イベントのための食事を提供するためにケータリング会社に頼らず、自社スタッフに料理を作ってもらった。

(A) herself　　[再帰代名詞] 彼女自身
(B) hers　　　[所有代名詞] 彼女のもの
(C) she　　　　[主格代名詞] 彼女は
(D) her　　　　[目的格／所有格代名詞] 彼女を (に)、彼女の

語注

□ **rather than**　〜よりむしろ、〜ではなく
□ **rely on**　〜に頼る
□ **catering company**　ケータリング会社
□ **provide**　動　〜を提供する、提出する

2. Several customers have written online reviews to express their ------- with the quality of our skin creams.

(A) disappointingly
(B) disappointing
(C) disappointment
(D) disappoint

2. 品詞を問う問題

正解 (C)

選択肢には異なる品詞の単語が並んでいます。空所の前は所有格の代名詞theirがあり、直後には前置詞withがあることから空所には名詞が入ります。つまり、このような問題の場合は全文を確認しなくても、空所前後を見るだけで(C) disappointment が正解であることがわかります。副詞の(A) disappointinglyは動詞や形容詞などを修飾します。(B) disappointingや動詞(D) disappointは直後にwithを伴って失望の対象を表現しません。

この機会にdisappointの使い方を確認しておきましょう。

The juice at the movie theater was disappointing.
（映画館のジュースはガッカリだった）

That film disappointed me.
（その映画に私はガッカリした）

= I was disappointed with that film.

We are very disappointed in you.
（あなたには失望しています）

訳 何人かの客が我が社のスキンクリームの品質に失望しているとオンラインレビューを書いている。

(A) disappointingly　　副 残念ながら
(B) disappointing　　　形 がっかりさせる、つまらない
(C) disappointment　　名 失望、期待外れ
(D) disappoint　　　　動 失望させる

語注

□ **express**　動 ～を表現する、言い表す
□ **quality**　名 品質

3. The instruction manual for the new photocopier includes ------- 100 illustrations.

(A) since
(B) over
(C) as
(D) than

3. 語彙を問う問題

正解 (B)

選択肢には様々な品詞の用法のある語句が並んでいます。includes の目的語は illustrations なので数字 100 と一緒に illustrations を修飾する語を選ぶ必要があります。空所前後だけで解けそうな問題ですね。まず、「どんなイラスト」なのかを考えましょう。(B) over は数字を伴って「〜を超える」という意味になり正解です。(A) since と (C) as は数字の 100 を修飾するには不適切です。(D) than は more を伴って、more than 100 illustrations なら OK です。

more than も over も「〜を超える」「〜より多い」という意味で、more than 100 や over 100 という場合は 100 は含まないことも覚えておくといいですね！「100以上」というときは、100 or more や 100 and more、100 or over, 100 and over となります。

訳 新しいコピー機の取扱説明書には 100 を超えるイラストが含まれている。

(A) since 接 〜以来 前 〜以来
(B) over 前 〜を超えて
(C) as 接 〜のように 前 〜として
(D) than 接 〜よりも 前 よりも

語注

□ **instruction manual** 取扱説明書
□ **photocopier** 名 コピー機
□ **include** 動 〜を含む
□ **illustration** 名 イラスト、挿絵

4. Weather forecasters ------- that this year will be colder than average, so people likely spend more on heating.

(A) oversee
(B) anticipate
(C) eliminate
(D) endorse

4. 語彙を問う問題

異なる意味の動詞が選択肢に並んでいるので語彙問題です。
空所直後の that が導く節の意味は「今年は例年よりも寒くな
る」となっているので、(B) anticipate「～を予想する」が正
解です。語彙問題は選択肢を知らなければ解けないので、日
頃から語彙力を高めておきましょう！ 試験本番では知らな
い単語について何分考えても正解がわかるわけではないの
で、何か一つ選んでマークしたら戦略的に次の問題へ進みま
しょう。本問の場合、直後に that 節を取ることのできる動詞
は (B) anticipate しかありませんので、語法の観点から正解
を特定することも可能です。

音読での復習の際には、than average の表現や spend
more on の言い方も意識して声に出し、知識として定着
させましょう。これらの語句のどこかが空所となって別
の問題に出題される可能性も十分あります。

訳 気象予報士らが今年は例年よりも寒くなると予想しているので、
人々はおそらく暖房にもっとお金を費やすだろう。

(A) oversee　　　**動** ～を監督する

(B) anticipate　　**動** ～を予想する、予期する

(C) eliminate　　 **動** ～を除く、除去する

(D) endorse　　　**動** ～を裏書きする、推奨する

語注

□ **weather forecaster**　気象予報士

□ **average**　**名** 平均、標準

□ **likely**　**副** おそらく、たぶん

□ **spend**　**動** ～を費やす、過ごす

□ **heating**　**名** 暖房 (装置)

5. Mr. Hammond stays in ------- contact with the managers of each of the regional stores.

(A) directly
(B) direction
(C) directed
(D) direct

5. 品詞を問う問題

正解 (D)

選択肢には direct の派生語が並んでいます。空所前後を見ると直前に前置詞 in、直後に名詞 contact があります。この時点で「形容詞が入るから (D) direct が正解だ!」と見当をつけたいところです。前置詞と名詞の間に入る可能性があるのは、形容詞・現在分詞・過去分詞・複合名詞を形成する1つ目の名詞です。従って、副詞の (A) directly は真っ先に不正解と判断し、残りの名詞である (B) direction、過去分詞あるいは動詞の過去形である (C) directed、形容詞あるいは動詞の現在形である (D) direct の中から意味的に最適なものを選択します。stay in direct contact で「直接連絡を取り合う」となり意味的に最適なため (D) direct が正解です。stay in contact with 〜の表現もこの機会に覚えておきましょう。

stay in contact の類似表現としては下記のフレーズもあります。直ちに選べるようにしておいてください。いずれも「連絡を取り合う」「連絡を取り続ける」という意味です。
keep in touch、stay in touch、remain in touch、
be in touch、keep in contact、remain in contact、
be in contact

訳 Hammond 氏は、各地域の店舗のマネージャーと直接連絡を取り合っている。

(A) directly　　副 直接に、まっすぐに
(B) direction　　名 方向、指揮
(C) directed　　動 direct の過去形・過去分詞
(D) direct　　　形 まっすぐな、直接の　動 指導する

語注

☐ **stay in contact with**　　〜と連絡を取り合う、連絡を取り続ける

☐ **regional**　　形 地域の

6. The location for the annual company banquet
is ------- to be decided.

(A) yet
(B) once
(C) until
(D) since

6. 語法を問う問題

空所には副詞や接続詞や前置詞の用法のある単語が並んでいます。空所前後を見て be yet to be decided「まだ決まっていない」の表現を知っていれば瞬時に (A) yet を選ぶことができます。知らない場合は文法的な観点や単語の意味で考えていきましょう。be 動詞のあとに to 不定詞がくる場合、いろいろな意味がありますが、ここでは「〜することになっている」という意味で考えましょう。be decided が受動態なので、会社の宴会の場所は「決められることになっている」つまり「まだ決まっていない」という意味なので (A) yet が正解です。

他に yet を使うフレーズとして、

be yet to be determined 「まだ決まっていない」
be yet to be seen 「まだわからない」
be yet to be discovered 「まだ発見されていない」
be yet to be completed 「まだ完成していない」
be yet to come 「まだ来ていない」「まだこれからだ」

などがあります。併せて覚えておきましょう。また、be yet to do は、have yet to do とほぼ同義になります。

訳 年に一度の会社の宴会の場所はまだ決まっていない。

(A) yet　　副 まだ　接 それでも　[疑問文で] もう
(B) once　　副 一度、かつては　接 一度〜すると
(C) until　　前 〜まで　接 〜まで
(D) since　　副 その後、それ以来

語注

□ **location** 名 場所
□ **annual** 形 年に一度の、1年の
□ **banquet** 名 宴会
□ **decide** 動 〜を決める

7. Mr. Green was forced to cancel his doctor's appointment when an urgent ------- arose in the manufacturing plant.

(A) procedure
(B) remedy
(C) preparation
(D) matter

7. 語彙を問う問題

正解 (D)

選択肢には異なる意味の名詞が並んでいるので語彙問題です。urgent「緊急な」という形容詞とコロケーション的に相性が良い (D) matter が正解です。また、空所直後の動詞 arise「起こる、生じる」と相性が良いのも (D) です。

他に urgent と相性の良い名詞のコロケーションとしては、

an urgent need　　　　an urgent message

an urgent call　　　　an urgent action

などがあります。

また、他に arise を動詞とする主語には、

a question arises　　　a problem arises

an issue arises　　　　the need arises

などがあります。

raise money / awareness / questions などと用いられる他動詞の raise と混同しないようにしましょう。

訳 Mr. Green は、製造工場で緊急の問題が発生した時、病院の予約をキャンセルせざるを得なかった。

(A) procedure　　名 手続き、手順

(B) remedy　　　名 治療、療法

(C) preparation　名 準備

(D) matter　　　名 問題、事

語注

□ **force 人 to do** （人）に無理に〜させる

□ **appointment** 名 予約

□ **urgent** 形 緊急の

□ **arose** 動 arise「起こる、生じる」の過去形

□ **manufacturing plant** 製造工場

8. Mr. Smithers, ------- company was hired to plan the banquet, will come for a meeting at 11:00 A.M.

(A) whose
(B) whom
(C) which
(D) what

8. 文の構造を問う問題

正解 (A)

選択肢には疑問文や関係代名詞で使われる語句が並んでいます。文構造をしっかり確認してどれが正解か見極めましょう。まず、文の主語はMr. Smithers、動詞はwill comeです。ここで重要なのは空所部分からthe banquetまでがカンマで挟まれている挿入句となっている点です。この挿入部分だけで考えてみると空所にはcompanyを修飾し、先行詞がMr. Smithersになるものを選ぶ必要があることから (A) が正解とわかります。(B) は目的格の関係代名詞なので、company以降に目的語が欠落していないと使用することはできません。(C) は主格、ないし目的格の関係代名詞ですが、先行詞が人の場合には用いることができません。(D) は先行詞を含む関係代名詞で、the thing(s) whichで置き換え可能ですが、company以下は文の構成要素として欠落しているものがなく、やはり不適切です。whatはwhat his company plans (彼の会社が企画すること) など、planの目的語としてwhatを使う用法となります。

🗣 音読の際には、挿入句の前後では一瞬だけ間をおいて、挿入句であることと、そのために主語と動詞が少し離れた位置にあることも確認しながら音読しましょう。

訳 Mr. Smithersの会社が宴会の企画を依頼されたのだが、彼は午前11時に打ち合わせに来る予定だ。

(A) whose　　［疑問代名詞、関係代名詞］誰の、その
(B) whom　　［疑問代名詞、関係代名詞］（目的格の疑問代名詞・関係代名詞として使われる）
(C) which　　［疑問代名詞、関係代名詞］どちらの
(D) what　　［疑問代名詞、関係代名詞］どの、何

🗂 語注

□ **banquet**　名 宴会、宴席

9. The company president gives her full ------- to requests from the human resources department.

(A) attention
(B) attendant
(C) attentive
(D) attends

9. 品詞を問う問題

選択肢にはattendという動詞の派生語が並んでいます。give one's full attention to〜という表現を知っていたら瞬時に(A) attentionを選べますが、知らなくても今回覚えればOKです。その場合は、空所前後を見てみましょう。空所前はfullという形容詞、空所後は前置詞toがあることに注目しましょう。形容詞は名詞を修飾するので、(A) attention「注目、配慮」または(B) attendant「接客係」が考えられます。文脈を考えると、社長が人事部からの要求に与えるのは(A) attentionが正解とわかります。

> attentionと一緒に使われる動詞はgive以外にpayもありますので、pay attention to〜「〜に注意を払う」も一緒に覚えておきましょう。また、attractやdrawもattentionと相性が良く、attract attention, draw attentionの形で「注目を集める」という意味になります。give, pay, attract, drawの4つ全て覚えておきましょう。

訳 社長は、人事部からの要求にしっかりと向き合う。

(A) attention　　名 注意、注目、配慮
(B) attendant　　名 接客係
(C) attentive　　形 注意深い、丁寧な
(D) attends　　　動 出席する、世話をする

語注

□ **president** 　名 社長
□ **give one's full attention to** 　〜にしっかりと向き合う、〜に十分な注意を払う
□ **request** 　名 要求
□ **human resources department** 　人事部

10. Junior members of the staff ------- any leaves that fall onto the lawn or footpaths around the head office.

(A) collective
(B) collect
(C) collection
(D) collectively

10. 品詞を問う問題　　　　　　　　正解 (B)

選択肢には品詞の異なる単語が並んでいます。品詞の働き
を知っていればすぐに解ける問題です。ここでは Junior
members of the staff が主語、空所後の any leaves が動詞の
目的語であることを考えると空所に動詞が入ることがわかる
ので (B) collect が正解です。このような問題では素早く主
語と動詞を探すことによって、最短距離で正解を導き出すこ
とができます。ここで、that は主格の関係代名詞で、先行詞
は any leaves であることも確認しておきましょう。

collect の目的語として相性が良い名詞をいくつか覚え
ておきましょう。collect information, collect data など
情報を集める表現、あるいは、collect donations「寄付
金を集める」や collect signatures「署名を集める」など
の使い方もあります。また、発音が似ている correct「〜
を正す、正しい、正確な」と区別して覚えましょう。

訳 本社周辺の芝生や歩道に落ちている木の葉は、若手のスタッフが
集める。

(A) collective 　　 形 共有する、集合体の
(B) collect 　　　 動 〜を集める
(C) collection 　　 名 収集
(D) collectively 　 副 集合的に

語注

□ **junior member** 　若手、経験の浅いメンバー
□ **leaves** 　名 leaf「(木の) 葉」の複数形
□ **footpath** 　名 歩道、小道
□ **head office** 　本社

11. ------- all of the participants filled out a survey at the end of the five-day seminar.

(A) Almost
(B) Most
(C) Mainly
(D) Ever

11. 語法を問う問題

正解 (A)

空所直後の all から Almost all of で「〜のほぼ全て」という意味になるので (A) Almost が正解です。副詞の almost が形容詞の all を修飾しています。almost を用いた他の表現である almost midnight「もうすぐ真夜中」や、almost nothing「ほとんど何もない」、almost a block away「ほぼ1ブロック先」なども覚えておきましょう。(B) の場合は、Most of で「〜のほとんど」という意味になります。(C) や (D) は文意に合わない上、代名詞 all を修飾する形で使われません。

ここでは fill out a survey で「アンケートに回答する」となっていますが、同様の表現で complete a survey があります。また「アンケートを実施する」という場合は、conduct a survey となります。survey と相性の良い動詞も覚えておきましょう。また、survey は可算名詞ですが、research「調査」は不可算名詞です。conduct / do / carry out research「調査を実施する」を覚えておきましょう。

訳 5日間のセミナーの最後に、参加者のほぼ全員がアンケートに回答した。

(A) Almost 　副 ほとんど
(B) Most 　形 ほとんどの 　名 ほとんど、大半
(C) Mainly 　副 主に
(D) Ever 　副 今までに、これまでに、いつも

語注

□ **almost all of** 　〜のほぼ全て
□ **participant** 　名 参加者
□ **fill out** 　〜に記入する
□ **at the end of** 　〜の最後に
□ **five-day** 　形 5日間にわたる

12. Finding a venue large enough for this year's International Education Forum was by far the hardest part of the -------.

(A) preparatory
(B) prepare
(C) preparations
(D) preparing

12. 品詞を問う問題

正解 (C)

選択肢には prepare の派生語が並んでいます。空所の前には the がついているので名詞が入ると判断し (C) を正解として選べます。比較的すぐに正解を絞り込める問題ですが、もう少し見てみると、the hardest part of という最上級の表現があることから of のあとは複数形の名詞が来ることも推測できます。ここではフォーラムのためにやるべき準備が複数あり、その中で会場を探すことが一番難しかったということが最上級で表現されています。構文としては、Finding は分詞構文かもしれないと予想して読み始めますが、was が見えた瞬間にこの文の主語となる動名詞であったのだと判断します。enough は形容詞の large を後置修飾しています。large enough の語順になることに注意してください。

この文には最上級や比較級を強める by far が使われていることにも注目してください。日本語にするときに難しく感じますが「断然」「はるかに」「ずば抜けて」のように訳します。

訳 今年の International Education Forum のための十分に大きい会場を探すのは、準備の中で断然最も大変なことだった。

(A) preparatory　　形 準備の
(B) prepare　　動 ～を準備する
(C) preparations　　名 preparation「準備」の複数形
(D) preparing　　動 prepare の現在分詞

語注

□ **enough** 副 十分に　形 十分な
□ **international** 形 国際的な
□ **by far** はるかに、断然

13. ------- Honeywell vacation package you choose, you are sure to have a fantastic time.

(A) Which
(B) Whichever
(C) What
(D) When

13. 文法事項を問う問題

正解 (B)

選択肢には疑問詞や関係詞・接続詞になりうる単語が並んでいます。空所周りの局所的な情報だけでは解けない問題なので構文を把握しましょう。まずは文の主語と動詞です。カンマの後に主語 you で始まる主節があり、この動詞は are です。また、カンマより前は主語 you、動詞 choose があります。空所直後の長い名詞のカタマリ Honeywell vacation package を修飾し「どの〜を…しようとも」と譲歩の節を作る (B) Whichever が正解です。(A) Which や (C) What は従属節を導くことができません。また (D) When は直後の名詞を修飾することができません。

音読で復習する際には、Honeywell vacation package が一カタマリの語ということを意識して音読しましょう。Whichever が導く節の意味と文構造を理解しながら音読していくと、似たような文に出会った際に理解できる速度が速くなります。

訳 どの Honeywell の休暇パッケージをお選びいただいても、必ず素晴らしい時間を過ごせます。

(A) Which 　　　[疑問代名詞、関係代名詞] どちらの
(B) Whichever 　[関係代名詞] どちらでも
(C) What 　　　[疑問代名詞、関係代名詞] どの、何
(D) When 　　　[疑問代名詞、関係代名詞] いつ、〜する時

語注

□ **vacation package** 休暇用のパッケージ旅行
□ **fantastic** 形 素晴らしい、素敵な

14. Stores are selling out of merchandise associated with the film even ------- than expected.

(A) quickly
(B) quicken
(C) quicker
(D) quickest

14. 文法事項を問う問題

正解 (C)

比較級や最上級または原級を選ぶ問題です。空所直前の
even に注目しましょう。even は比較級を強める副詞なので
正解は (C) quicker です。much の場合は最上級を強める時
にも使えますが、even は比較級を強める副詞なので (D)
quickest は不正解です。

 even の他に比較級を強める副詞には、still、far、much
もありますので覚えておきましょう。たとえば、比較
級の形容詞と一緒に使って、still higher, far higher,
much higher などです。何度も声に出して語の組み合
わせを覚えておきましょう。

訳 店ではその映画の関連商品が予想以上に早く売り切れている。

(A) quickly	副 速く
(B) quicken	動 ～を速める、急がせる、速くなる
(C) quicker	形 quick「速い」の比較級
(D) quickest	形 quick の最上級

語注

□ **merchandise** 名 商品 動 商品を売買する
□ **associated with** ～と関連している

15. Elevators in Durant City must be inspected by a city council employee once ------- year.

(A) all
(B) each
(C) another
(D) some

15. 文法事項を問う問題

正解 (B)

空所前後がonceとyearなので「毎年1回」という意味になることを考えれば(B) eachが正解であることがわかります。他の選択肢も単数形のyearにつく可能性がありますが、空所前に「1回」という意味のonceがあるため、続くyearと合わせて「各年に1回」という意味になるonce each yearが正解になります。(A) allの場合はall year「通年」、(C) anotherならanother year「（追加で）もう1年」という意味になります。(D) someがつくと some yearで「いずれかの年、いつか」のような意味です。

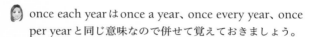 once each yearはonce a year、once every year、once per yearと同じ意味なので併せて覚えておきましょう。

訳 Durant市のエレベーターは、毎年1回、市議会の職員が点検しなければならない。

(A) all　　　　形 全体の　代 すべて　副 まったく
(B) each　　　形 それぞれの　代 それぞれ
(C) another　形 もうひとつの　代 もうひとつの物 (人)
(D) some　　　形 いくらかの、どこかの　代 多少　副 多少

語注

　□ **inspect** 動 ～を点検する、詳しく調べる
　□ **city council** 市議会

解いた問題の自己採点は終わりましたか？

・何問100%の自信を持って正解したか
・何問なんとなく正解したか
・何問間違えてしまったか

それぞれメモしておきましょう。

100%自信を持って正解	問
なんとなく正解	問
間違えた	問

ここからが勉強の始まりです。

次のToDoリストを使って1問1問丁寧に復習しましょう。

Part 5　復習ToDoリスト

☑ **知らない単語・表現を調べる**
☑ **文法構造を確認する**
☑ **間違えた要因を分析する（文法知識不足・未知語）**

　Part 5 の復習が終わったら、ここからさらに『音読』で、英語表現・英文法・構文を体に染み込ませていきましょう。音読で瞬時に正しい解答を選べる瞬発力もついてきます。

🚌 音読のやり方

① 周りを気にせず声をはっきり出せる環境を準備する
② 文構造（どこが主語で、どれが動詞で、目的語か）を把握する
③ 詰まらずスラスラ読めるまで声に出して読む

　やり方①〜③の手順で音読をして、下記のチェックリストで、きちんとできたか確認しましょう。

Part 5　音読チェックリスト

☑ **文法構造を確認した**
☑ **文頭からピリオドまで１カ所も詰まることなくスラスラ言えた**
☑ **意味を理解しながらスラスラ言えた**
☑ **小声ではなく、ハキハキ声を出して言えた**

早速、さきほどのやり方・チェックリストを確認したら1
文ずつ最低20回は音読をしましょう。

1. Rather than relying on a catering company to provide food for the event, Ms. Wright had her own staff prepare the dishes.

2. Several customers have written online reviews to express their disappointment with the quality of our skin creams.

3. The instruction manual for the new photocopier includes over 100 illustrations.

4. Weather forecasters anticipate that this year will be colder than average, so people will likely spend more on heating.

5. Mr. Hammond stays in direct contact with the managers of each of the regional stores.

6. The location for the annual company banquet is yet to be decided.

7. Mr. Green was forced to cancel his doctor's appointment when an urgent matter arose in the manufacturing plant.

8. Mr. Smithers, <u>whose</u> company was hired to plan the banquet, will come for a meeting at 11:00 A.M.

9. The company president gives her full <u>attention</u> to requests from the human resources department.

10. Junior members of the staff <u>collect</u> any leaves that fall onto the lawn or footpaths around the head office.

11. <u>Almost</u> all of the participants filled out a survey at the end of the five-day seminar.

12. Finding a venue large enough for this year's International Education Forum was by far the hardest part of the <u>preparations</u>.

13. <u>Whichever</u> Honeywell vacation package you choose, you are sure to have a fantastic time.

14. Stores are selling out of merchandise associated with the film even <u>quicker</u> than expected.

15. Elevators in Durant City must be inspected by a city council employee once <u>each</u> year.

第2章

Part 2 & Part 5
攻略のための発展戦略と
ハイレベル練習問題

難しめの問題で
パワーアップ!!

第1章の基本戦略では、なぜPart 2、5が重要なのか、また基本的な問題をどう解いていくかを見てきました。すでにディクテーション、音読での復習も雰囲気が掴めたかと思います。

それでは、ここからはさらにスコアを伸ばし、安定して正解を選べる力をつけていく方法を見ていきましょう。スコア別に学習プランを考えてみました。

🚈 スコア別学習プラン

現在 600点未満

① Part 2、Part 5それぞれ1セット分解く、間違えた問題の確認。

② Part 2を5問ディクテーション、Part 5を5問音読20回。正解した問題も含め1セット分すべての問題の復習をしましょう。

③ Part 2、Part 5の同じ1セットをもう一度解く、間違えた問題の確認。

① Part 2、Part 5それぞれ2セット分解く、間違えた問題の確認。

② Part 2を10問ディクテーション、Part 5を10問音読20回。100％の確信で正解した問題は除き、復習をしましょう。

③ Part 2、Part 5の同じ2セットをもう一度解く、間違えた問題の確認。

① Part 2、Part 5それぞれ2セット分解く、間違えた問題の確認。Part 2を解くときは速度調整をして1.2倍速にチャレンジしてみましょう。Part 5を解くときは選択肢を見る前にどんな正解がありえるか予想しながら解いてみましょう。

② Part 2を10問ディクテーション、Part 5を10問音読20回。100％の確信で正解した問題は除き、復習をしましょう。

③ Part 2、Part 5の同じ2セットをもう一度解く、間違えた問題の確認。

以上はほんの一例です。

確保できる時間や、負担を感じずに続けられる量を調節してみてください。

　最後の860点以上の方向けに少し補足しますが、基本的な問題演習と復習の習慣がついてきたら、次は少しずつ負荷も上げてみましょう。

　テストの本番環境では、あらゆることが起こりえます。毎回最高の音響環境があるわけではなく、窓の外から何か音が聴こえてきたり、隣の人の発する音などが気になったりします。

　Part 2の問題を高負荷にするには、一番簡単なのは速度を上げる方法があります。あるいは、自宅で勉強する際にもイヤホンなどで聴く代わりにスピーカーにして周りの音も耳に入ってくる状態にする、あえて窓を開けて問題を解く、隣の部屋のテレビをつけたまま挑戦する、などいろいろ方法があります。ここはアイデアの世界なので工夫をしてみてください。

　次にPart 5の負荷を上げる方法としては、選択肢を見る前に何が入るか想像して、いくつか可能性のある選択肢があるなら、全部考えてみると良い練習になります。

　あるいは、空所以外の部分でも似たような意味で使われる単語を考えてみるのも良いトレーニングです。たとえば、considerably higher than 〜 という表現があったら、significantly higher than 〜や、substantially higher than 〜と、置き換えられそうな副詞をさっと思い浮かべてみましょう。最初はあまりうまくできないかもしれませんが、問題を解き終え、復習の際には、considerablyの同義語を辞書などで調べてみると出てきます。繰り返していると辞書を引かずに2、3個ならぱっと思い浮かぶようになります。

ハイレベル練習問題

　ここでは少し難しめの問題を集めたハーフセット Part 2 を13問、Part 5を15問解いてみましょう。

Part 2　問題

　Part 2では、最初のセリフへの直接的な応答ではなく少し焦点をずらした応答が正解となる問題や、あるいは疑問文ではなく平叙文で話しかけられた時の応答を問う問題で難易度が上がります。特に最初のセリフで、どんな人物やどんな場所でどんなシチュエーションで誰に話しかけているか、など、会話のシーンが思い浮かばないと正解を選ぶ時に悩みます。どんな場面で会話が行われているか考えながら解いていきましょう。

1. Mark your answer on your answer sheet. (◀16)

2. Mark your answer on your answer sheet. (◀17)

3. Mark your answer on your answer sheet. (◀18)

4. Mark your answer on your answer sheet. (◀19)

5. Mark your answer on your answer sheet. (◀20)

6. Mark your answer on your answer sheet. (◀21)

7. Mark your answer on your answer sheet. (◀22)

8. Mark your answer on your answer sheet. (◀23)

9. Mark your answer on your answer sheet. (◀24)

10. Mark your answer on your answer sheet. (◀25)

11. Mark your answer on your answer sheet. (◀26)

12. Mark your answer on your answer sheet. (◀27)

13. Mark your answer on your answer sheet. (◀28)

1. 付加疑問文

（●16）

> *Man:* The software update went very smoothly
>   this time, didn't it?
>
> *Woman:* (A) It's on the calendar.
>   (B) Thanks to Jane's hard work.
>   (C) In about an hour.

男性：今回のソフトウェアアップデートはとてもスムーズでし
たよね。

女性：(A) カレンダーに書いてあります。
(B) Janeの頑張りのおかげです。
(C) 約1時間後です。

正解 (B)

肯定文の文末にdidn't it?をつけて「ソフトウェアアップデートがスムーズだった」ことを確認し、同意を得ようとしています。これに対し、スムーズにできたのは「Janeの頑張りのおかげだ」と応答している (B) が正解です。(A) や (C) はWhenで問われた場合の応答です。

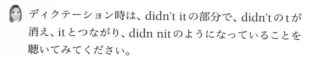 ディクテーション時は、didn't itの部分で、didn'tのtが消え、itとつながり、didn nitのようになっていることを聴いてみてください。

語注

□ **smoothly**　副 スムーズに、円滑に
□ **hard work**　頑張り、ハードワーク

2. 5W1Hの疑問詞を使う疑問文

Man: How far is it from here to Donley Corporation?

Woman: (A) As far as I know.
(B) I'd have to check the map.
(C) By noon, I hope.

男性：ここからDonley Corporationまではどのくらいの距離があありますか？

女性：(A) 私が知っている限りでは。
(B) 地図を確認しなくてはならないでしょう。
(C) お昼までには、と思っています。

正解 (B)

How farと距離を尋ねる質問に対して「地図を確認しなくてはならない」と答えている (B) が正解です。I'd have to は I would have to の短縮形です。(A) は最初のセリフのfarと同じfarを使った誤答の選択肢です。(C) は「いつまでに」などと聞かれた場合に正解になる応答です。As far as I know. は「私の知る限りでは」という意味で、下記のような文脈で用いられます。

As far as I know, he retired last month.
（私の知る限りでは、彼は先月退職しました。）

as far asを用いる表現としてas far as I'm concerned「私に関する限り」もあります。同様にPart 2で頻出の応答でNot that I know of. (私の知る限りでは、それはないと思います。) という表現もあります。覚えておきましょう！

語注

□ **as far as** 〜する限り

3. 5W1Hの疑問詞を使う疑問文　◀18

Woman: Whose cart is that at the back door?

Man: (A) It's locked.
(B) I was at the back.
(C) I'll ask around.

女性：裏口をふさいでいるのは誰のカートですか？

男性：(A) 鍵がかかっています。
(B) 私は奥にいました。
(C) 聞いて回ります。

正解 (C)

Whose cartと、誰のカートか聞いている質問に対して「聞いて回りますね」と応答している(C)が正解です。このように直接誰のカートか答えずに対応を提案しているパターンもよく見られます。普段の会話でも誰のものかわからない場合は自分が聞いて回ることを提案したりするかもしれません。このようなシチュエーションを瞬時に想像できるように練習しておくと本番でも焦ることはありません。(A)はcartをcarと聴き間違えた時のひっかけの選択肢です。(B)は問いかけのthe back doorと同じbackを使った誤答の選択肢です。

ディクテーション時は、ask aroundがつながって、as karoundのように聴こえることに注目してみてください。

語注

□ **ask around** 聞いて回る

4. 5W1Hの疑問詞を使う疑問文 🔊19

Man: Why don't we advertise the position online next month?

Woman: (A) Can you find out how much it'll cost?
(B) Yes, I saw it in the newspaper.
(C) It was a great help.

男性：来月、オンラインで求人広告を出してはどうでしょうか？

女性：(A) いくらかかるか調べてもらえますか？
(B) はい、新聞で見ました。
(C) とても助かりました。

正解 (A)

Why don't we で「〜しませんか」という勧誘・提案を表します。ここでは、オンラインで求人広告を出してみようという提案をしています。これに対し、「いくらかかるか調べてくれるか」と質問で答えている(A)が正解です。 (B)は広告関連のキーワードnewspaperを使った選択肢なので選びたくなるかもしれませんが、提案の問いかけに対してYesで始まる応答で「新聞で見た」と言っているので間違いです。(C)は「助かった」と感謝を表現しているため不適切です。

 ディクテーション時は、応答のit'llの部分が「いddle」のようにtが速いdのような音で聴こえることを確認してみてください。

語注

□ **Why don't we** 〜しませんか?
□ **advertise** 動 〜を広告する、宣伝する
□ **position** 名 職、勤め口
□ **find out** 〜について調べる

5. 5W1Hの疑問詞を使わない疑問文　◀20

Woman: Would you like to speak with Ms. White while you're here?

Man: (A) I can hear fine.
(B) It's much better.
(C) If she's free.

女性：あなたがここにいる間、Ms. Whiteと話したいですか?

男性：(A) よく聴こえますよ。
(B) ずっといいですよ。
(C) 彼女が空いていれば。

正解 (C)

Would you like で始まる疑問文でMs. Whiteと話をしたいかどうかを聞いています。これに対し、「もし彼女が空いていれば」話したいという希望を伝えている (C) が正解です。(A) はhereとhearを同じ単語と勘違いした場合の誤答の選択肢です。(B) は問いかけに対して話がつながりません。

 Would you like to は動詞の原形を伴って「〜したいですか?」と尋ねる文ですが、Would you like some coffee? のように名詞を伴って「〜はいかがですか?」と飲み物や軽食を勧める時に使われることもありますので、一緒に

覚えておきましょう。

❌ 語注

□ **Would you like to do** 〜したいですか？

6. 付加疑問文の一種

（◀21）

Woman: These letters need to be sent today, right?

Man: (A) The post office is open until six P.M.
(B) They let her leave early today.
(C) I don't usually.

女性：この手紙は今日中に送る必要がありますよね？

男性：(A) 郵便局は午後6時まで営業しています。
(B) 彼らは今日は彼女を早く帰らせてあげました。
(C) 普段はしません。

正解 (A)

最初のセリフは肯定文の文末に、〜, right?をつけて「〜ですよね？」と「手紙を今日中に送る必要がある」ことを確認しています。これに対して、直球の応答ではなく「郵便局は午後6時まで営業している」と変化球で答えている(A)が正解です。「だから午後6時までに行ってきてね」というニュアンスが読み取れます。(B)は、文字だけで見ると類似性はありませんが、letterがflap /t/というルールでledderのような音になり、let herも代名詞の最初の音が脱落しhが消え、さらにflap /t/のルールが適用されるとledderと聴こえることから選びたくなる不正解の選択肢となります。(C)は問いかけに対して脈絡のない応答をしているため不適切です。

👩 ディクテーション時は、office is open の部分がすべて
つながって、offi si zou pn のように聴こえることを確認
してみてください。

❌ 語注

□ **post office** 郵便局

7. 付加疑問文

◀)22

Man: You're usually here until about seven
o'clock in the evening, aren't you?

Woman: (A) I hope you do.
(B) Just in time.
(C) I don't mind locking up.

男性：普段は夜の7時くらいまでいますよね？

女性：(A) あなたにそうしてほしいです。
(B) ちょうどいいですね。
(C) 施錠しておきますよ。

正解 (C)

肯定文のあとに ～, aren't you? をつけて「～ですよね？」と
確認をしています。これに対して、「(自分の作業が終わった
ら) 鍵をかけておくのは気にしません」、つまり「鍵をかけて
おきますよ」と応答している (C) が正解です。(A) は you do
で「あなたがそうしてくれる (7時までいてくれる)」ことを望
んでいるという意味になってしまうため文脈がつながりませ
ん。(B) の just in time は They had arrived just in time. な
どと「タイミングがちょうどよい」ことを表すのでこの会話

には合いません。本問はかなり婉曲的な応答が正解になって
いますが、このようなタイプの問題も公開テスト本番では出
題されていますので、消去法も上手く活用して正解の選択肢
を選べるように訓練しましょう。

> ディクテーション時は、don't mindのtやdがほとんど
> 聴こえないくらい弱くなっていることを確認してみてく
> ださい。

語注
□ **lock up** （ドアなどに）鍵をかける

8. 5W1Hの疑問詞を使わない疑問文　◀23

Woman: Do you know if Ms. Sharma has her phone
on her?

Man: (A) The new model is expensive.
(B) Call it and see.
(C) She's very helpful.

女性：Ms. Sharmaが携帯を持っているかどうか知っていますか？

男性：(A) 新しいモデルは高いです。
(B) 電話して確認してみてください。
(C) 彼女はとても助けになります。

正解 (B)

Do you know ifで、「〜かどうか知っていますか」と聞い
ているので、「電話をかけて確認してみて」と応答している
(B)が正解です。(A)はphoneに関連する誤答の選択肢で
す。(C)は話がつながらないため不正解です。ここではhave

her phone on her で「今電話を（身につけて）持ち歩いている」ことを聞いているので「電話をかけてみて」という提案になっています。「have モノ on 人」と同じ意味で「have モノ with 人」も使われるので併せて覚えておきましょう。

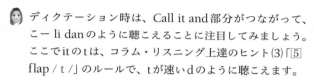 ディクテーション時は、Call it and 部分がつながって、こー li dan のように聴こえることに注目してみましょう。ここで it の t は、コラム・リスニング上達のヒント(3)「⑤ flap / t /」のルールで、t が速い d のように聴こえます。

語注

□ **have モノ on 人**　（モノ）を身につけている、持っている

□ **expensive**　形 高い、高価な

9. 平叙文　(◀24)

Woman: I don't remember how many people came to the information session last year.

Man: (A) It'll take the whole afternoon.
(B) I think we'll need more chairs.
(C) You're right about that.

女性：去年の説明会に何人来たか覚えていません。

男性：(A) 午後いっぱいかかりそうです。
(B) 椅子がもっと必要になると思います。
(C) あなたの言う通りです。

正解 (B)

「去年は何人だったか覚えてない」という最初のセリフに対

して、「(今年は)椅子がもっと必要になると思います」と応答
している(B)が正解です。このような少しずれた応答がとて
も難しく感じるかもしれませんが、実際の説明会会場の準備
をしている最中の会話だと考えれば納得できると思います。
最初のセリフを聴いてどんなパターンのシチュエーションが
あるか待ち構えて、(B)を聴いた時に「あ! この二人は準備中
なんだ!」とわかれば(B)を選べます。人数について言及して
いるセリフに対して(A)は午後いっぱい (説明会に) かかり
そう、と答えているので文脈に合いません。また(C)も会話
として成り立たないため不正解です。

不正解選択肢の(A)にある take the whole afternoon
という表現もここでは併せて覚えておきましょう。午前
中いっぱいかかる場合は take the whole morning とな
ります。

語注
□ **information session**　説明会
□ **whole**　形 丸々〜、すべての〜

10. 平叙文　◀)) 25

Man: I'll fill the tank before I return the car to the
garage.

Woman: (A) Don't forget to get a receipt.
(B) It'll be ready by this afternoon.
(C) It's on the third floor.

男性：車をガレージに戻す前に、ガソリンを満タンにしますね。
女性：(A) 領収書をもらうのを忘れないでください。

(B) 今日の午後までにはできあがります。
(C) 3階にあります。

正解 (A)

「ガソリンを満タンにします」という提案に対して、「領収書を忘れないように」と釘を指している(A)が正解です。この問題も最初のセリフに対して直接的に応答しているのではなく、ガソリンを入れたら領収書が必要となる、という背景を想像する必要があります。(B)や(C)は提案には関係のない発言なので不適切です。

ディクテーション時は、garageのアクセントの位置に着目してみてください。先頭のgaの部分の母音はschwa [ə]で弱く読まれ、2音節目のraの部分にアクセントがあり、長めに読まれます。

語注

□ **fill** 動 〜をいっぱいにする、満たす
□ **garage** 名 ガレージ、車庫
□ **receipt** 名 領収書、レシート

11. 選択疑問文　🔊26

Man: Will you be taking this with you, or should I arrange a home delivery?

Woman: (A) I didn't take anyone.
(B) How much would that cost?
(C) It's a lovely arrangement.

男性：お持ち帰りですか？　それとも宅配を手配しましょうか？

女性：(A) 誰も連れて行きませんでした。
　　　(B) いくらかかりますか？
　　　(C) 素敵なアレンジメントですね。

正解 (B)

A or Bの形で、「持って帰るか宅配にするか」どちらが良いか問うセリフから始まっています。「いくらかかるか」と質問している(B)が正解です。このときのwouldは「もし宅配をお願いしたら」という仮定法の意味が含まれています。(A)はtakingと同じ動詞takeを使ったひっかけの応答、(C)はarrangeの名詞arrangementを使ったひっかけの応答になっています。

ディクテーション時は、should Iの部分は「しゅdai」のように音がつながって発音される事をチェックしておいてください。また、arrangeはカタカナでは「アレンジ」ですが発音記号/əˈreɪndʒ/でもわかるように「アレインジ」のように/reɪ/の部分が二重母音になっていることも耳を澄まして聴いてみましょう。

語注

□ **take モノ with 人**　モノを持っていく
□ **arrange**　動 〜を手配する

12. 平叙文

Woman: Mr. Davis asked that we submit any reimbursement requests to him directly.

Man: (A) They meant to go.
　　　(B) I got the memo.
　　　(C) I came via Dallas.

女性：Mr. Davis は、どんな払い戻し請求も直接彼に提出するようにと言っていました。

男性：(A) 彼らは行くつもりでした。
(B) メモを受け取りました。
(C) ダラス経由で来ました。

正解 (B)

最初のセリフが平叙文の肯定文で、しかも背景を想像できないと解けない難問です。ここでは「提出するように言っていた」と女性が言うと、男性は既に知っていた様子で「メモを受け取った（から知っている）」と応答をしている (B) が正解です。平叙文の肯定文に対して肯定文で応答するものは、様々なパターンがあるので「こんな会話パターンもあるのか」と確認しながら、試験中に臨機応変に状況判断できるように心の準備をしておきましょう。

ディクテーション時は、asked や that、submit などの語尾 d、t がほとんど聴こえないくらいで発音されている一方、複数形の名詞 requests の語尾 ts ははっきりと発音されていることを確認してください。書き取り時はこの複数形の s まで正しく書けることをチェックしてください。

語注

□ **reimbursement request** （立替払いの）払い戻し請求

□ **directly** 副 直接、じかに

□ **mean to do** ～するつもりである

□ **via** 前 ～経由で

13. 平叙文

 28

Man: I have some discount coupons in my car.

Woman: (A) I'll get them.
(B) I didn't count.
(C) Let me know.

男性：車の中に割引券があります。
女性：(A) 私が取ってきますね。
(B) 数えませんでした。
(C) 教えてください。

正解 (A)

この問題も最初のセリフが疑問文ではなく平叙文です。このような場合はあらゆるパターンを想像する心構えで選択肢を聴きましょう。ここでは「車の中に割引券がある」というセリフに対して「私が取ってきます」と応答している (A) が正解です。(B) は discount と count をひっかけた誤答の選択肢です。(C) は文脈に合わないため不正解です。

ディクテーション時は、coupons in の部分が coupon zin のようにつながることを聴いてみてください。複数形の名詞の直後に in がきたときに、ディクテーションで複数形名詞も in も正しく書き取れれば OK です。

語注

□ **discount coupon** 割引クーポン
□ **count** 動 数を数える

40ページで使った「復習方法」覚えていますか？

ここでも自信があった問題・なんとなく正解した問題・間違えた問題の数を、それぞれメモしておきましょう。

100%自信を持って正解	問
なんとなく正解	問
間違えた	問

復習時の「ToDoリスト」も再度チェックしてください。

Part 2　復習ToDoリスト

- ☑ **知らない単語・表現を調べる**
- ☑ **文法構造を確認する**
- ☑ **聴き取れない要因を分析する（速度・音の変化・未知語）**
- ☑ **不正解の選択肢がなぜ不正解か確認**

Part 2　ディクテーション演習

　ディクテーションの目的の一つに「正しく音を聴き取ること」があります。リスニングの時に聴こえてきた文を理解したつもりだったのに、スクリプトで確認すると解釈とは違っていた、なんてことはありませんか？ この、実際の英文と自分の耳や脳が解釈した英文の**「差」を埋めていく作業**がディクテーションです。

　徐々に、ネイティブの話す英文と、耳で聞いて理解した英文が、ぴたりと一致するようになります。

🚃 ディクテーションのやり方

① 紙とペン（鉛筆）、または、パソコン上ならメモ帳ソフトなどを準備する

② 1センテンスずつ止めて、聴こえてきた文を書き起こす

③ 聴き取れない場合は、3回程度聴き直す
　　この時は何回目で聴き取れたか書いておく

④ スクリプトをチェックし、スペルまで正しく書き取れているか確認する

Part 2　ディクテーションチェックリスト

☑ 3回聴き直しても聴き取れない箇所をメモした

☑ スペルまで正しく書き出すことができた

☑ 音だけではなく意味を理解して書き出した

☑ 登場人物・背景を想像しながら書き出した

1. *Man:* The software update went very smoothly this time, didn't it?

    Woman: Thanks to Jane's hard work.

2. *Man:* How far is it from here to Donley Corporation?

    Woman: I'd have to check the map.

3. *Woman:* Whose cart is that at the back door?

    Man: I'll ask around.

4. *Man:* Why don't we advertise the position online next month?

    Woman: Can you find out how much it'll cost?

5. *Woman:* Would you like to speak with Ms. White while you're here?

    Man: If she's free.

6. *Woman:* These letters need to be sent today, right?

    Man: The post office is open until six P.M.

7. *Man:* You're usually here until about seven o'clock in the evening, aren't you?

    Woman: I don't mind locking up.

8. *Woman:* Do you know if Ms. Sharma has her phone on her?

    Man: Call it and see.

9. *Woman:* I don't remember how many people came to the information session last year.

    Man: I think we'll need more chairs.

10. *Man:* I'll fill the tank before I return the car to the garage.

    Woman: Don't forget to get a receipt.

11. *Man:* Will you be taking this with you, or should I arrange a home delivery?

    Woman: How much would that cost?

12. *Woman:* Mr. Davis asked that we submit any reimbursement requests to him directly.

    Man: I got the memo.

13. *Man:* I have some discount coupons in my car.

    Woman: I'll get them.

今回も英語らしい発音のルールを一緒に確認しましょう。音読をする際にも少し意識すると、かっこ良い発音で読めるようになるのでテンションも上がります。

③ 曖昧母音 (schwa [ə])

曖昧な音となる [ə] という記号の母音。これといった標準的な音色がないのが特徴で、たいていの場合、曖昧な「う」に近い音になります。発音する時のコツは、とにかく曖昧に、口の周りや顎・舌に力を入れず、音を出すと綺麗にでます。映画「千と千尋の神隠し」に出てくる「カオナシ」が、なんとも言えない音で発する「うっ」という声に近いです。また、語尾のLの前では少し「お」に近い音にもなります。

例

□continue (/kənˈtɪnjuː/)
　くn ti new のイメージ

□familiar (/fəˈmɪliər/)
　ふ miliar のイメージ

□common (/ˈkɑːmən/)
　カー + むn のイメージ

□usual (/ˈjuːʒuəl/)
　ゆーじゅぉL のイメージ

④ 代名詞の最初の音の脱落
(reduced pronouns)

(◀61)

代名詞her、himのhや、themのthが脱落して、前の単語の語尾とつながって発音されることがあります。このルールを知っているのと知らないのでは、英語の聴こえ方が大きく異なります。たとえば、最初の例のtell her「彼女に言う」がteller「銀行の窓口係」と同じ音になると知っていると、「ん? teller?」と文の意味が取れなくなることはなく、「ふむふむ、tell herだな」とすぐに判断できて、文の意味も正しく理解できます。

いくつか例を見てみましょう。

例

□tell her
　teller (/ˈtelər/)　のように発音

□like him
　likim (/laɪkɪm/)　のように発音

□some of them
　some ovem (/səməvem/)　のように発音

□about her
　abou der (/əˈbaʊdər/)　のように発音
　※接続部分は flap /t/ になっています。

　Part 5は、空所前後だけで解くのが難しい問題をこのハイレベル練習問題に多めに配置しました。文構造や文の意味、語法を根拠として正解を選べるように解いていきましょう。文全体を確認するときには、主語・動詞はもちろんのこと、形容詞や副詞の修飾関係や、前置詞・接続詞に導かれる副詞句・副詞節の見極めも可能な限り素早く正確にできるように練習問題から意識しておくと、試験本番でも瞬時に文構造全体を正しく捉えることにつながります。

1. Employees must submit a travel report the day after they ------- back from their trip.

(A) will arrive
(B) had arrived
(C) arrived
(D) arrive

1. 文法事項を問う問題

選択肢は動詞arriveの様々な時制が並んでいます。時制が異なる選択肢であれば、文の時制がどうなっていれば正しいかを見極める必要があります。ということは、つまり、空所前後だけでは解けない問題です。まずは、after 以降が「出張から戻った後」という意味です。またEmployeesを主語とする主節が現在形のmust submit「提出しなければならない」という意味なので、"ルールとして報告書を提出しなければならない"という文意です。ということは過去の話ではなく、現在形（D) arrive が正解になります。

the day after〜で「〜の翌日」の意味になりますが、たとえば「〜の2日後」なら two days after 〜になります。また、the day after tomorrow は「あさって」、two days after tomorrow は「しあさって」、そして、the day before yesterday は「おとといの意味になりますので、一緒に覚えておきましょう。

訳 従業員は、出張から戻った翌日に出張報告書を提出しなければならない。

(A) will arrive　　　助 will + 動 arrive「到達する」の原形
(B) had arrived　　　動 arrive の過去完了形
(C) arrived　　　　　動 arrive の過去形・過去分詞
(D) arrive　　　　　　動 arrive の原形

語注

□ **submit**　動 〜を提出する
□ **travel report**　出張報告書
□ **the day after**　〜の翌日

2. The workshop was made all the ------- with an entertaining slide show.

(A) interested
(B) most interesting
(C) interest
(D) more interesting

2. 文法事項を問う問題

正解 (D)

選択肢を見てみると、interest の様々な形が並んでいます。ここで注目したいのは空所直前の all the です。all the + 比較級で「よりいっそう〜」という意味になることから (D) more interesting が正解です。the を見て (B) most interesting を選んでしまった方は注意しましょう。念のため、主語と動詞を確認すると、主語は The workshop、動詞は was made です。この was made の部分は be 動詞 + 過去分詞となっているので受動態です。これを能動態で考えてみるとどうなるでしょう? ここでは「何によって make された」のか明示されていないため、仮に Something を主語で考えてみると、

Something made the workshop all the more interesting with an entertaining slide show.

となります。SVOC の文型であることも併せて確認しておきましょう。

> 音読する時には、all the more interesting の部分のカタマリを意識してしっかり声に出しましょう。そっくりそのまま覚えておくと他の問題形式で出題された際にも自信を持って解答できます。

訳 ワークショップは、楽しいスライドショーを使用して、いっそう興味深いものとなった。

(A) interested **形** 興味を持って、関心があって
(B) most interesting **形** interesting「興味深い」の最上級
(C) interest **動** 〜に興味を起こさせる **名** 興味、利益
(D) more interesting **形** interesting の比較級

語注

□ **all the more** いっそう、なおさら

3. The agreement ------- Yates Fabrication's lease of the warehouse will be signed on Friday.

(A) concerning
(B) toward
(C) prior
(D) despite

3. 語彙を問う問題

正解 (A)

選択肢には様々な前置詞と形容詞が並んでいるので、空所直後の語句を見てもそれだけでは選べません。こんなときは、文の主語と動詞を確認しましょう。主語は agreement ～ warehouse の部分で、動詞は will be の部分です。空所から warehouse まではどんな agreement、つまり「契約」かを表す内容になるため、「～に関して」を意味する (A) concerning が正解です。類義語として、regarding も覚えておきましょう。(B) toward は方向や対象を表します。(C) prior は形容詞で「前の」という意味ですが、次の文のように prior to であれば「～より前に」と前置詞的に使うことができます。

Prior to its official release date, the book could be ordered online.

（正式な発売日より前に、その本はオンラインで注文することができた。）

👩 agreement は前置詞 with とも相性が良いので併せて覚えておきましょう。make an agreement with ～「～と契約を結ぶ」や be in agreement with ～「～に同意して」があります。

🎬 **訳** Yates Fabrication の倉庫の賃貸に関する契約は、金曜日に署名される。

(A) concerning　前 ～に関して
(B) toward　　　前 ～のほうへ
(C) prior　　　　形 前の、前もっての
(D) despite　　　前 ～にもかかわらず

❌ **語注**

□ **agreement**　名 契約、同意
□ **warehouse**　名 倉庫
□ **sign**　動 ～に署名する　名 看板、兆し、合図

4. While the Mudarra is a sports car and the
Carta is a utility vehicle, ------- are powered by
the well-designed 6TU engine.

(A) others
(B) both
(C) none
(D) one

4. 語法を問う問題

選択肢には代名詞として使われる単語が並んでいます。空所の直後にはbe動詞のareがあるので単数のbe動詞 isをとる（C）や（D）は不正解です。残りの(A)か(B)どちらかを考える際には文脈を考える必要があるので、さらに範囲を広げて見てみましょう。Whileで始まる従属節には「Mudarraはスポーツカーで、Cartaは商用車である」と2つの異なる種類の車が登場します。空所から始まる主節では「デザイン性の高い6TUエンジンで動く」と2つの車の共通点が述べられているため、(B) が正解です。(A)を選ぶとWhileが導く節で言及しているMudarraとCarta以外の車のエンジンについて説明していることになるので、従属節と主節の関連が成立しなくなってしまいます。

音読で復習する際には、both are 〜という文でbothが代名詞として主語になっていることを意識して音読しましょう。普段、代名詞として意識していない語句が主語になっている文を読むことで知識が定着していきます。'

訳 Mudarraはスポーツカーで、Cartaは商用車だが、両方ともデザイン性の高い6TUエンジンで動く。

(A) others　代 他のもの、他の人たち
(B) both　代 形 両者 (の)
(C) none　代 どれも〜ない
(D) one　代 形 ひとつ (の)、ひとり (の)

語注

□ **utility vehicle**　商用車、多目的車
□ **be powered by**　〜で動く

5. We are considering replacing the photocopier because of how ------- it breaks down.

(A) frequented
(B) frequency
(C) frequently
(D) frequent

5. 品詞を問う問題

正解 (C)

選択肢には frequent の派生語が並んでいます。適切な品詞を問う問題なので、空所直前の how、直後の it breaks down を確認し、文法的な側面から解きましょう。how が導く節の中は主語 it と動詞 breaks down です。この how「どんなふうに」を伴い、動詞 breaks down「壊れる」を修飾するのは、副詞 (C) frequently「頻繁に」です。直訳で考えると、名詞節 how frequently it breaks down は「どれだけ頻繁に壊れるか」です。この文では前置詞句 because of を伴い「頻繁に故障するので」という理由を表しています。他の選択肢は動詞 breaks down「壊れる」を修飾する品詞として不適切です。

選択肢 (D) の frequent は「～に頻繁に行く」という意味の動詞として出題されることもあります。

The CEO frequents the building construction site.
（社長はビルの建設現場に頻繁に通っている。）

また、consider は直後に動名詞を取ります。これが進行形になると considering replacing と doing 形が 2 連続しますが、違和感がなくなるまで音読しましょう。

訳 コピー機が頻繁に故障するので、買い替えを検討している。

(A) frequented **動** frequent の過去形・過去分詞
(B) frequency **名** 頻繁、頻度
(C) frequently **副** 頻繁に、よく
(D) frequent **形** 頻繁な **動** ～に頻繁に行く

語注

□ **consider** **動** ～を検討する
□ **break down** 故障する

6. The organizers of the comedy festival are
------- looking for volunteers to help with the
cleanup afterward.

(A) still
(B) as well
(C) since
(D) unless

6. 語彙を問う問題

正解 (A)

選択肢には副詞や前置詞・接続詞となる語句が並んでいます。空所前後はareとlooking forになっていて、どうやら空所には副詞が入るらしいということがわかります。文意は「ボランティアを募集している」なので、(A) still「まだ」が正解です。(B) as wellで「その上、～もまた」という意味の場合は文末で使われるため不正解です。また、副詞の (C) since は完了形の動詞と使われるので不正解です。(D) unless は接続詞なので後ろに主語と動詞を含む節が必要です。

復習時の音読で意識したいのは、help with the cleanupの部分です。これは help with (作業・やるべきこと) の表現で使われます。helpとwithの間に人が入ることもあります。

I will help with domestic duties.
（私が家事のお手伝いをします。）

Let me help you with the cooking.
（料理のお手伝いをさせてください。）

訳 コメディフェスティバルの主催者は、後片付けを手伝ってくれるボランティアをまだ募集している。

(A) still　　副 まだ
(B) as well　　副 その上、～もまた
(C) since　　副 以来　前 接 ～以来
(D) unless　　接 ～でなければ、～でない限り

語注

□ **organizer**　名 主催者
□ **comedy**　名 コメディ、喜劇
□ **festival**　名 フェスティバル、祭り
□ **volunteer**　名 ボランティア
□ **cleanup**　名 掃除　　□ **afterward**　副 あとで

7. ------- your opinions of the new bus terminal are, you must admit that it is hard to miss.

(A) Whatever
(B) What
(C) Wherever
(D) That

7. 文の構造を問う問題

正解 (A)

空所の前後だけでは解けない問題なので文構造を見てみましょう。主語は you、動詞は must admit の文が主節です。カンマの前には be 動詞 are があるので、カンマまでが従属節とわかります。この are に対応する主語を確認すると空所から opinions までが主語と考えられます。選択肢の中では your opinions の前に置いて使えそうなものは (A) か (C) です。(B) や (D) は従属節を導く用法がないので不正解です。また (C) を使う場合は「新しいバスターミナルへのあなた方の意見がどこにあろうと」という意味が通らなくなります。つまり (A) が正解で、Whatever が「～がなんであろうと」を意味する譲歩節を導きます。

文中の hard to miss は直訳すると「見逃すことが難しい」という意味で、他には道案内などで目印を伝えた後に It's hard to miss. で「すぐに見つかるよ」などと言ったりします。併せて覚えておきましょう。

訳 新しいバスターミナルへのあなた方の意見がなんであれ、見逃すのは難しいと認めなくてはならない。

(A) Whatever　代 形　～ことはなんでも、どんなことでも、どんな～でも
(B) What　代 形　何、どんな
(C) Wherever　接　～するとこはどこでも、どこで～しようとも
(D) That　代 形　あれ、あの

語注

□ **opinion**　名 意見
□ **bus terminal**　バスターミナル
□ **admit**　動 ～を認める
□ **miss**　動 ～を見逃す

8. The new oven from Kanox can clean ------- automatically after use.

(A) them
(B) themselves
(C) its
(D) itself

8. 文法事項を問う問題

正解 (D)

まず、主語と動詞がどれか確認しましょう。ここでは The new oven from Kanox が主語で、can clean が動詞です。選択肢には代名詞が並んでいます。再帰代名詞の用法には大きく分けて2つあります。主語と同一（人）物である場合、動詞や前置詞の目的語として使われるのが1つ。もうひとつは副詞のような役割をする強調用法です。ここでは、動詞 clean の目的語がないため前者の用法です。つまり、空所には clean の目的語が入ります。主語と同じ（人）物を表す再帰代名詞を選ぶ必要があるので、単数形の The new oven from Kanox と同じものを表す (D) itself が正解です。

after use が「使用後」という意味であることは簡単に理解できますが、ここで use が名詞であり、音読する時には、「ゆーz」ではなく「ゆーs」と最後の音を S で言えるように気をつけましょう。

訳 Kanox 社の新しいオーブンは、使用後に自動的に掃除ができる。

(A) them　　　　[目的格代名詞] 彼（彼女）らを（に）
(B) themselves　[再帰代名詞] 彼ら自身
(C) its　　　　　[所有格代名詞] その、それの
(D) itself　　　　[再帰代名詞] それ自体

語注

□ **automatically**　副　自動的に
□ **use**　名　使用

9. The trainees were given a handout explaining
------- would be expected of them during their
first week.

(A) about
(B) whichever
(C) what
(D) who

9. 文法事項を問う問題　　　　　　正解 (C)

まず、空所の直後を確認すると、would be なので空所には主語になるものが入りそう、と仮説を立てることができます。また空所の前には explaining「〜を説明する」という動詞があります。explaining の目的語となるものが空所に入るので (C) what が正解です。(A) は would be の主語として不適切なので不正解です。(B) は「〜するどちらでも」という意味になるので文脈に合いません。(D) は、関係代名詞の場合は先行詞が必要ですし、接続詞か疑問詞の場合、名詞節を完成させる必要があります。　what would be expected で「期待されること」という意味となり、what はそれ自身が先行詞を含む関係詞であり、the thing(s) which と置き換えることができます。さらに explaining は後ろから handout を修飾していることも確認しておきましょう。

　「be expected of 人」で「(人) に期待される」の使い方も少し見てみましょう。

What is expected of teachers and students is that they trust each other.
（先生と生徒に期待されるのは、お互いに信頼し合うことだ。）

訳 研修生に、最初の1週間で期待されることを説明した資料が配られた。

(A) about 　　　　　前 〜について　副 約、およそ
(B) whichever 　　　[関係代名詞] どちらでも
(C) what 　　　　　 [疑問代名詞、関係代名詞] どの、何
(D) who 　　　　　　[疑問代名詞、関係代名詞] 誰

語注

□ **trainee**　名 研修生、訓練を受ける人
□ **expect 〜 of 人**　(人) に〜を期待する

10. Many customers are likely to leave negative reviews for the appliance ------- its high price.

(A) given
(B) against
(C) unless
(D) except

10. 語彙を問う問題

正解 (A)

選択肢を確認すると前置詞として使われる単語が並んでいます。空所後は名詞のカタマリで節にはなっていません。この時点で通常接続詞として使われる(C)を除外しても良いですが、例外的に前置詞的に使われることもあるため、まだ可能性は残しつつ、全文の意味を確認しましょう。主語と動詞はそれぞれ Many customers と are likely to leave です。また likely to〜に注目し「多くの客が否定的なレビューを残しそうだ」という推測の意味を持つ文意を読み取ります。そうすると「価格の高さを考慮すると」というその推測の根拠を示す(A)が正解であることがわかります。

否定的なレビュー negative reviews の反対を表す表現で好意的なレビュー positive reviews もありますので、併せて覚えておいてください。

訳 価格の高さを考慮すると、多くの客がこの器具に否定的なレビューを残しそうだ。

(A) given 前 〜を考慮すると
(B) against 前 〜に反対して
(C) unless 接 〜でなければ、〜でない限り
(D) except 前 〜を除いては

語注

□ **be likely to do** 〜しそうだ
□ **leave** 動 〜を残す、放置する
□ **negative** 形 否定的な
□ **appliance** 名 器具、電気製品

11. Ms. Hargreaves left her position at GTY, ------- because she wanted to run her own business.

(A) nearly
(B) mainly
(C) hardly
(D) dearly

11. 語彙を問う問題

正解 (B)

選択肢には副詞が並んでいます。同じ品詞の単語が並んでいるので文意を考慮する必要があります。空所直前のカンマまでが文の主節で「仕事を辞めた」という内容、空所直後のbecause以降でその理由を述べています。このことからmainly because で「主に〜という理由で」という意味になる(B)が正解です。他に、largely because も同じ意味で使われるので併せて覚えておきましょう。他の選択肢は because 以降を修飾することができません。

🗨 不正解選択肢 (A) の nearly は何らかの状態に近づいていることを表すので、nearly \$50や nearly equal、nearly empty, nearly always などと使われます。

📖 訳 Ms. Hargreaves は、主に自分のビジネスをやってみたいという理由で、GTY での職を辞した。

(A) nearly　　副 ほとんど、かろうじて
(B) mainly　　副 主に
(C) hardly　　副 ほとんど〜ない
(D) dearly　　副 非常に、心から

❌ 語注

　　□ **mainly because**　主に〜の理由で
　　□ **leave one's position**　離任する
　　□ **position**　名 職
　　□ **run a business**　ビジネスを行う、事業を営む

12. Organizers of the annual Mountain Climbers Conference chose the ------- of the two venues available to them.

(A) large
(B) largest
(C) larger
(D) largely

12. 文法事項を問う問題　　　　　　正解 (C)

large の派生語が選択肢に並んでいます。空所前後は the, of なのでここには名詞を入れたいと考えるのは正常な感覚です。ただ、選択肢には名詞がないため、それ以外のパターンを考える必要があります。of の後には the two venues「2つの会場」があることから、この2つのうち大きい方という意味で比較級の (C) が正解です。the がついているので (B) の最上級を選びたくなりますが、2つの会場を比較している場合は、「the + 比較級 + of + 2つのもの」で表現するので (B) ではなく (C) が正解となります。

🗣 音読の際には、the larger of the two venues の部分を特に意識して、「2つの場所のうちの大きい方」と意味を考えながらこのカタマリをスラスラ言えるようにしましょう。

📖 訳　毎年開催される Mountain Climbers Conference の主催者たちは、利用可能な2つの会場のうち大きい方を選んだ。

(A) large 　　形 大きい
(B) largest 　形 large の最上級
(C) larger 　形 large の比較級
(D) largely 　副 主に、大部分は

🔷 語注

　　□ **annual**　形 一年の、例年の
　　□ **climber**　名 登山者
　　□ **conference**　名 会議
　　□ **choose**　動 〜を選ぶ
　　□ **venue**　名 会場、開催地
　　□ **available**　形 利用可能な

13. Mr. White recommended the GHT brand photocopier, ------- he has little experience using it himself.

(A) despite
(B) along
(C) though
(D) concerning

13. 文法事項を問う問題

正解 (C)

このように前置詞と接続詞が選択肢で並んでいる場合には
空所より後の部分に、主語＋動詞があるか、つまり節なのか、
または名詞や名詞句があるのかを確認しましょう。ここでは
主語がhe、動詞がhasで空所の後は節になっています。節は
接続詞に導かれるので(C)が正解です。文意を考えなくても
文法知識だけで解ける問題です。意味を考えると(A)も選び
たくなるかもしれませんが、前置詞なので空所の後は名詞や
名詞句が来る必要があるため不正解です。

he has little experience は「ほとんど使った経験がな
い」という意味になることも確認しましょう。a little な
ら「少しある」の意味になりますが、little は「ほとんどな
い」になります。同様に、a few なら「少しある」の意味
で、few は「ほとんどない」です。little / a little と few /
a few の使い分けは前者が不可算名詞に使い、後者は可
算名詞に使うことも併せて覚えておきましょう。

訳 Mr. White は、自分ではほとんど使った経験がないものの、GHT
ブランドのコピー機を推薦した。

(A) despite　　　前 ～にもかかわらず
(B) along　　　　前 ～に沿って　　副 前へ、沿って
(C) though　　　 接 ～だけれども　副 でも、やっぱり
(D) concerning　 前 ～に関しては

語注

□ **recommend**　動 ～を勧める、推奨する
□ **experience**　名 経験

14. The lack of qualified people in Townsville
------- in a labor shortage for many
businesses.

(A) has resulted
(B) has been resulted
(C) to result
(D) resulting

14. 文法事項を問う問題

正解 (A)

動詞 result の様々な形が選択肢に並んでいます。単純な時制を選ぶ問題ではなく、選択肢に (C) to 不定詞や (D) 現在分詞があることから、文の主語と動詞を確認し、文構造を把握して解きましょう。主語は lack ですが、この文には動詞がないため空所部分が動詞になります。(A) と (B) が候補として残りますが、result は自動詞なので受動態にならないため、能動態の (A) が正解です。

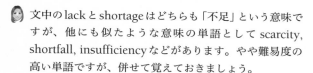 文中の lack と shortage はどちらも「不足」という意味ですが、他にも似たような意味の単語として scarcity, shortfall, insufficiency などがあります。やや難易度の高い単語ですが、併せて覚えておきましょう。

訳 Townsville で適任人材の不足が多くの企業の労働力不足を招いた。

(A) has resulted　　**動** result「結果として生じる」の現在完了形
(B) has been resulted　**動** result の受動態の現在完了形
(C) to result　　　　**動** result の to 不定詞
(D) resulting　　　　**動** result の現在分詞

語注

□ **lack** 名 不足
□ **qualified** 形 適任の、資格のある
□ **labor** 名 労働力
□ **shortage** 名 不足
□ **business** 名 企業、職業

15. Because the new branch is so remote, staff members sometimes complain about the -------.

(A) exhibition
(B) retirement
(C) accuracy
(D) isolation

15. 語彙を問う問題

正解 (D)

異なる意味の名詞が選択肢に並んでいるので語彙問題です。語彙問題は知っていれば見た瞬間に解くことができる問題なので、日頃から単語をたくさん覚えましょう。ここでは、空所前後だけでは解けないため、文意を確認します。Because が導く従属節で「新しい支店は僻地にある」という理由が示されています。主節では、そのことについてスタッフが不平を言っているとのことで、正解は「孤立、隔離」を意味する (D) isolation です。決め手となる形容詞 remote が「遠い、辺ぴな」という意味であることを知らない場合も文意が取れず、正解を選ぶことができなくなるので、この機会に覚えておいてください。remote には「かすかな、わずかな」と言う意味もあり、時折出題されますので、覚えておきましょう。

他にも remote には下記のような使い方があります。

remote villages (遠隔地の村)

remote monitoring (遠隔監視)

remote access to (〜への遠隔アクセス)

a remote possibility (わずかな可能性)

訳 新しい支店はあまりにも辺ぴな場所にあるため、スタッフは孤立感について不平を言うことがある。

(A) exhibition 名 展示会

(B) retirement 名 退職

(C) accuracy 名 正確さ

(D) isolation 名 孤立、隔離

語注

□ **branch** 名 支店、支社

□ **remote** 形 辺ぴな、遠い

□ **complain about** 〜について不平を言う

　79ページで使った「復習方法」を覚えていますか？

　ここでも自信があった問題・なんとなく正解した問題・間違えた問題の数を、それぞれメモしておきましょう。

100%自信を持って正解	問
なんとなく正解	問
間違えた	問

　復習時の「ToDoリスト」も再度チェックしてください。

Part 5　復習ToDoリスト

☑ **知らない単語・表現を調べる**
☑ **文法構造を確認する**
☑ **間違えた要因を分析する（文法知識不足・未知語）**

　知らなかった文法項目・語彙をチェックし、なぜ間違えたか、あるいは答えを選ぶときに迷ったか分析ができたら、次は音読演習です。次に似た問題が出たときには間違えないように知識を自分のものにしていきましょう。繰り返し正しい文を音読することによって英語の感覚が身についてきます。

🚃 音読のやり方

① 周りを気にせず声をはっきり出せる環境を準備する
② 文構造（どこが主語で、どれが動詞で、目的語か）を把握する
③ 詰まらずスラスラ読めるまで声に出して読む

Part 5　音読チェックリスト

☑ **文法構造を確認した**

☑ **文頭からピリオドまで1カ所も詰まることなくスラスラ言えた**

☑ **意味を理解しながらスラスラ言えた**

☑ **小声ではなく、ハキハキ声を出して言えた**

早速、さきほどのやり方・チェックリストを確認したら1文ずつ最低20回は音読をしましょう。

1. Employees must submit a travel report the day after they <u>arrive</u> back from their trip.

2. The workshop was made all the <u>more interesting</u> with an entertaining slide show.

3. The agreement <u>concerning</u> Yates Fabrication's lease of the warehouse will be signed on Friday.

4. While the Mudarra is a sports car and the Carta is a utility vehicle, <u>both</u> are powered by the well-designed 6TU engine.

5. We are considering replacing the photocopier because of how <u>frequently</u> it breaks down.

6. The organizers of the comedy festival are <u>still</u> looking for volunteers to help with the cleanup afterward.

7. <u>Whatever</u> your opinions of the new bus terminal are, you must admit that it is hard to miss.

8. The new oven from Kanox can clean <u>itself</u> automatically after use.

9. The trainees were given a handout explaining <u>what</u> would be expected of them during their first week.

10. Many customers are likely to leave negative reviews for the appliance <u>given</u> its high price.

11. Ms. Hargreaves left her position at GTY, <u>mainly</u> because she wanted to run her own business.

12. Organizers of the annual Mountain Climbers Conference chose the <u>larger</u> of the two venues available to them.

13. Mr. White recommended the GHT brand photocopier, <u>though</u> he has little experience using it himself.

14. The lack of qualified people in Townsville <u>has resulted</u> in a labor shortage for many businesses.

15. Because the new branch is so remote, staff members sometimes complain about the <u>isolation</u>.

第３章

Part 2 & Part 5
テスト本番に備える
予想問題

予想問題で
スコアアップ!!

基本練習問題、ハイレベル練習問題で様々なパターンの問題に挑戦してきました。さらにディクテーションを含む徹底的な復習で音の聴こえ方についても勉強してきました。テスト本番のつもりで細部まで音を聴き取り、意味を把握しながら解いてみましょう！

1. Mark your answer on your answer sheet.　🔊31

2. Mark your answer on your answer sheet.　🔊32

3. Mark your answer on your answer sheet.　🔊33

4. Mark your answer on your answer sheet.　🔊34

5. Mark your answer on your answer sheet.　🔊35

6. Mark your answer on your answer sheet.　🔊36

7. Mark your answer on your answer sheet.　🔊37

8. Mark your answer on your answer sheet.　🔊38

9. Mark your answer on your answer sheet.　🔊39

10. Mark your answer on your answer sheet.　🔊40

11. Mark your answer on your answer sheet.　🔊41

12. Mark your answer on your answer sheet.　🔊42

13. Mark your answer on your answer sheet. ◀43

14. Mark your answer on your answer sheet. ◀44

15. Mark your answer on your answer sheet. ◀45

16. Mark your answer on your answer sheet. ◀46

17. Mark your answer on your answer sheet. ◀47

18. Mark your answer on your answer sheet. ◀48

19. Mark your answer on your answer sheet. ◀49

20. Mark your answer on your answer sheet. ◀50

21. Mark your answer on your answer sheet. ◀51

22. Mark your answer on your answer sheet. ◀52

23. Mark your answer on your answer sheet. ◀53

24. Mark your answer on your answer sheet. ◀54

25. Mark your answer on your answer sheet. ◀55

1. 5W1Hの疑問詞を使う疑問文 🔊31

Woman: Who left all the cupboards open in the kitchen?

Man: (A) We're cleaning them out.
(B) I'm heating my lunch.
(C) It leaves at ten o'clock.

女性：キッチンの食器棚を全部開けておいたのは誰ですか？

男性：(A) 掃除しているところです。
(B) 昼食を温めているところです。
(C) 10時に出発します。

正解 (A)

最初のセリフがWhoで始まっていますが、誰が食器棚を開けっぱなしにしたかに直接応答している選択肢はありません。なぜ開けておいたのか「今掃除しているところである」と理由を説明している(A)が正解です。(B)はkitchenに関連してlunchを使った誤答の選択肢、(C)は最初のセリフのleftの現在形leaveを使った誤答の選択肢です。leaveという動詞は、本問の問いかけ文のようにleave O Cの形で、「OをCの状態にしておく」という用法の他、leave New York「ニューヨークを発つ」、leave for New York「ニューヨークに向けて発つ」などの表現も頻出です。

 ディクテーション時は、cupboardsの音がkaberdzになり、cup (かっ p) boardsとはならないことに注意しましょう。正しい音に慣れておけば、Part 1の写真で出てきたときもすぐに反応できます。

語注

- □ **leave** 動 ～（の状態）にしておく、出発する
- □ **cupboard** 名 食器棚
- □ **clean out** ～をきれいに掃除する、一掃する
- □ **heat** 動 ～を温める、暖める

2. 5W1Hの疑問詞を使う疑問文 （32

Man: What color curtains do you think we should buy?

Woman: (A) The sink in the bathroom.
(B) See you then.
(C) What do they have?

男性：何色のカーテンを買えばいいと思いますか？

女性：(A) 洗面所の洗面台です。
(B) では、また。
(C) 何がありますか？

正解 (C)

疑問詞Whatで始まる文ですが、What「何」だけで考えずにWhat color curtains「何色のカーテン」か、を聞かれていることをしっかり聴き取りましょう。これに対して「何（色）があるか」と質問し返している(C)が正解です。theyはカーテンの販売業者を想定しています。haveはsellやcarryに置き換え可能です。

最初のセリフの聞きたいことはWhat color curtains should we buy?なのですが、do you thinkというフレーズが挿入されていることに注目しましょう。加えて、

151

do you think が挿入されると後続の部分は should we buy ではなく、we should buy の語順になることも確認しておいてください。

語注

□ **sink** 名 洗面台、流し
□ **bathroom** 名 洗面所、浴室

3. 5W1Hの疑問詞を使う疑問文

Woman: When are we expected back at the office?

Man: (A) The meeting starts at three o'clock sharp.
(B) On Stanley Street.
(C) The meeting lasted longer, though.

女性：我々はいつ会社に戻れば良いですか？
男性：(A) 会議はちょうど3時に始まります。
(B) Stanley 通りで。
(C) でも会議が長引きました。

正解 (A)

When で始まる疑問文が最初のセリフとなっていますが、直接的に応答している選択肢がありません。この質問に対して「会議は3時に始まる（からそれまでに会社に戻れば良い）」という応答をしている (A) が正解です。他の選択肢は When に対する時間についての応答が含まれてないので不正解です。

ディクテーション時は、starts at がつながり、「star つぁっ」のように聴こえることを確認しましょう。耳でそのよ

うに聴こえてもディクテーション時はstarts atと三単現のsも前置詞のatも正しく書けることを目指してください。

⬛ **語注**

□ **be expected** 〜を期待されている
□ **last** 動 続く

4. 5W1Hの疑問詞を使う疑問文 ◀34

Man: Why didn't Petal Industries accept our proposal?

Woman: (A) Because it was allowed.
(B) They couldn't afford it.
(C) To find a solution.

男性：なぜPetal工業は我々の提案を受け入れなかったのですか？

女性：(A) 許可されたからです。
(B) 彼らにはその余裕がありませんでした。
(C) 解決策を見つけるためです。

正解 (B)

Whyで始まる疑問文で、なぜ提案を受け入れなかったのか理由を聞いています。(A) はBecauseで始まっていますが、「受け入れなかった」の理由に対して「許可されたから」というのは文脈が合いません。「（金銭的などの理由で）余裕がなかった」と応答している(B) が正解です。(C) のようにTo不定詞が正解になる場合もありますが、本問では文意にそぐわないため不正解です。

👩 ディクテーション時は、Petalの部分が自転車のペダル

153

(pedal)のような音に聴こえ、tが速いdになっていることに注目してみてください。ただ、この場合は固有名詞（会社名）なので正しく書き取れなくても気にしなくてOKです。「あ、会社名を言ってるんだな」とわかれば大丈夫です。

語注

- □ **accept** 動 〜を受け入れる
- □ **proposal** 名 提案
- □ **allow** 動 〜を許可する、許す
- □ **afford** 動 〜をする余裕がある
- □ **solution** 名 解決策

5. 選択疑問文　🔊35

Woman: Is this table free, or has someone reserved it?

Man: (A) That one's taken, I'm afraid.
(B) They're five dollars each.
(C) Can I take your order?

女性：この席は空いてますか？ それとも誰かが予約をしていますか？

男性：(A) 予約されています、残念ながら。
(B) それぞれ5ドルです。
(C) ご注文よろしいですか？

正解 (A)

A or Bの形で、「席が空いているか予約されているか」どちらが良いか問うセリフから始まっています。「予約されている」

と応答している (A) が正解です。(B) は値段を聞かれた時の応答、(C) はテーブルで注文を聞く際の応答になっています。

ディクテーション時は、one's が one is の省略形であると意識して聴いてみてください。省略形の時は何が省略されているかを把握できるようにトレーニングをしましょう。

語注

□ **take order** 注文を取る

6. 5W1Hの疑問詞を使う疑問文 ◀ 36

Woman: How many people went to the gardening convention?

Man: (A) That's a lot.
(B) It's not over yet.
(C) Is that so?

女性：園芸大会には何人行きましたか？
男性：(A) それは多いですね。
(B) まだ終わっていません。
(C) そうなんですか？

正解 (B)

How many people で「何人行ったのか」という質問に「まだ終わってない」と応答している (B) が正解です。(A) を選んでしまう方も多いかもしれませんが、That's a lot. というセリフは通常、数量を聞いたあとに感想や驚きを表現して「それは多いです」と応答するときに使われます。最初のセリフへ

「大勢が来ました」と応答するときは、A lot of people did.
や Many people did. / Many did. のように「大勢の人」が主
語になります。(C) は「多くの人が来たよ」などと言われたと
きに「そうなの?」と聞き返す場合に使われるので不正解です。

応答部分の not over の t には flap /t/ のルールが適用
され、の一っ dover のように、t が速い d に聴こえること
を確認してみてください。

✕ 語注

　　□ **gardening**　名 園芸、ガーデニング
　　□ **convention**　名 大会、定期総会

7. 5W1H の疑問詞を使う疑問文　🔊37

Woman: Why don't you drop by my office on your
　　　　 way back?

　Man: (A) What time do you close?
　　　　(B) They weigh about a kilogram.
　　　　(C) Did they break?

女性：帰りに私の事務所に寄るのはいかがですか?

男性：(A) 何時に閉めますか?
　　　(B) 重さは約1キログラムです。
　　　(C) 壊れましたか?

正解 (A)

Why don't you で何かを提案する表現で最初のセリフが始
まっています。この問いかけに対して、事務所が閉まる時間
を聞いて、閉まる前に寄ろうと考えたと推測できる (A) が正

解です。(B)はwayの同音異義語weighでひっかけています。また(C)はdropを「落とす」と解釈してしまった人向けに「壊れたの?」という質問でひっかけをしています。drop byで「立ち寄る」という意味になることを覚えておきましょう。

ディクテーション時は、応答のセリフでWhatが「わっ」のように最後のtがほとんど聴こえないことを確認してみてください。

語注

□ **drop by** 〜に立ち寄る
□ **on one's way back** 帰り道で、帰る途中に
□ **weigh** 動（重さが）〜ある

8. 5W1Hの疑問詞を使う疑問文 (●38)

Man: Why don't we postpone the campaign for a week?

Woman: (A) I posted them online.
(B) That would give us enough time.
(C) In a way.

男性：キャンペーンを1週間延期しませんか？

女性：(A) インターネットで公開しました。
(B) それなら十分な時間が取れます。
(C) ある意味では。

正解 (B)

最初のセリフは、Why don't weでキャンペーンを1週間延期する提案をしています。これに対し、「(1週間余計に時間

157

があれば）十分である」という応答をしている（B）が正解です。ここでThat は to postpone the campaign for a week を指していることを確認しておいてください。そしてそのことが我々に十分な時間を与えてくれるだろう、という意味の応答になっています。（A）は postpone と似た post を使った誤答の選択肢ですが、複数形の代名詞 them ではなく the campaign を指す単数形の代名詞に it を使い、I posted it online. であれば、「もうネットに公開してしまった。」となり、延期が不可能であることを示すため、正解になり得ます。

ディクテーション時は、postpone の t、さらに That や would の語尾 t や d がほとんど聴こえないことや、give us enough がつながって、「gi va si な f」のように聴こえることに注目してみてください。

語注

□ **postpone** 動 〜を延期する
□ **campaign** 名 キャンペーン
□ **post** 動 〜を投稿する

9. 5W1Hの疑問詞を使わない疑問文 ◀ 39

Man: Would you like to see the color options?

Woman: (A) I'm sure there are.

(B) One of the other models.

(C) I'm only interested in white.

男性：色の選択肢を見たいですか？

女性：(A) あると思います。

(B) 他のモデルのうちの1つです。

(C) 私は白にしか興味がありません。

男性は、Would you like で、色の選択肢を見たいか、いくつかの色のバリエーションを見てみたいかについて質問しています。これに対し「白にしか興味がない」と答えている(C)が正解です。(A)は I'm sure there are some. などのように後半が省略されていて「あります」と応答しているので話の流れに合いません。(B)は「他のモデルのうちの1つ」と色ではなくモデルについて答えているので誤答の選択肢です。

ディクテーション時は、options の複数形 s まで正しく書けるかチェックしてみてください。三単現の s や複数形の s は聴き逃してしまうと文法エラーを含む文で認識してしまったり、文の意味が変わったりするため注意が必要です。

語注

□ **option** 名 選択肢、選択

10. 付加疑問文の一種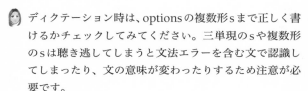

Woman: You're staying in Seattle for a week, right?

Man: (A) Then I'm moving on to New York.
(B) The accommodations are lovely.
(C) Thanks for the invitation.

女性：シアトルには1週間滞在するんですよね？

男性：(A) その後、ニューヨークに向かいます。
(B) 宿泊施設は素敵です。
(C) 招待してくれてありがとう。

正解 (A)

肯定文の最後に 〜, right? をつけて、シアトルに1週間滞在することを確認しているセリフから始まります。つまり、滞在する場所や期間を確認しています。これに対して、その後の予定を答えている (A) が正解です。Yes, then I'm moving on to New York. のように Yes が省略されていると考えても OK です。You're staying も I'm moving のいずれも未来を表す表現です。(B) や (C) は確認の質問について無関係なことを応答しているので不正解です。

ディクテーション時は、I'm moving の2つの m がつながって I moving のように聴こえますが、書き取るときは I'm moving と書けるかチェックしてみてください。

語注

□ **stay** 動 滞在する
□ **move on to** 〜に向かう
□ **accommodation** 名 宿泊施設
□ **lovely** 形 素敵な
□ **invitation** 名 招待

11. 付加疑問文

(41)

Woman: These instructions are hard to follow, aren't they?

Man: (A) They're in my cabinet.
(B) I haven't seen them.
(C) Yes, I can.

女性：これらの説明書に従うのは難しいですよね？

男性：(A) 私のキャビネットの中にあります。
　　　(B) 見ていないんです。
　　　(C) はい、できます。

正解 (B)

文末に 〜, aren't they? を追加し、付加疑問文で「難しいですよね」と同意を求めるセリフに対して、「（まだ）見てない」と応答している (B) が正解です。(A) は場所を応答し、(C) は対応可能かを応答しています。(C) の場合は、Can you work on these instructions? などと聞かれた場合の応答で、aren't they の付加疑問に対応してないため、正解になりません。

ディクテーション時は、These instructions are がつながって、Thee zin struction zer のように聴こえることや、hard to follow が　har っとぅ follow のように hard の d がほとんど聴こえないことを確認してみてください。to もかなり短くなり数字の two のように強く発音されません。

語注

□ **instruction** 名 説明書
□ **follow** 動 〜に従う
□ **cabinet** 名 キャビネット、飾り戸棚

12. 5W1Hの疑問詞を使わない疑問文　🔊42

Man: Have you received an invitation to the year-end awards ceremony?

Woman: (A) I've seen a couple.
(B) It's a good imitation.
(C) I was asked to present.

男性：年末の表彰式の招待状は届きましたか？

女性：(A) カップルを見たことがあります。
(B) 上手に真似しています。
(C) 司会をするよう頼まれました。

正解 (C)

招待状が届いたかどうかの質問に対して、「(その式典で) 司会をするよう頼まれました」と応答している (C) が正解です。Yes / No で答える代わりに、司会を頼まれたから招待状は持っている、または不要という説明をしています。(A) は Have you で始まる疑問文に対して同じ現在完了形で応答していますが、文脈に合いません。(B) は invitation と似た音の imitation でひっかけを狙った誤答の選択肢になっています。

　ディクテーション時は、awards が「あわーど」ではなく、どちらかというと「あうぉーdz」という音になっていることに注目してください。TOEIC には無縁の単語ですが、war「戦争」の発音と同じで「わー」ではなく「うぉーR」のような音になります。また、応答のセリフは present が動詞なので、名詞 present の pREzent のように re の部分にアクセントがくるのではなく、動詞は preZEnt のように ze の方にアクセントがきます。

語注

- **year-end** 形 年末の
- **award** 名 賞
- **ceremony** 名 式典
- **couple** 名 カップル、夫婦
- **imitation** 名 真似、模倣
- **present** 動 司会をする、プレゼンをする

13. 5W1Hの疑問詞を使う疑問文 ◀43

Woman: What were you told to provide with your application?

Man: (A) Some applicants.
(B) I installed it.
(C) A portfolio of my work.

女性：申請書と一緒に何を提出するように言われましたか？

男性：(A) 何人かの応募者です。
(B) 私がインストールしました。
(C) 私の作品のポートフォリオです。

正解 (C)

Whatで始まる疑問文で「申請書と一緒に何を提出するように言われたか」という内容の問いに対して「作品のポートフォリオ」と答えている(C)が正解です。were you told to provideの部分は、肯定文に直すとyou were told to provideで、このprovideの目的語がwhatに置き換えられて疑問文になっています。

be told to do は tell 人 to do「(人)に〜するように言う」の受動態であることも聴いてすぐにわかるように何度も聴いて慣れておきましょう。また同じ用法の be asked to do も「〜するよう頼まれる」という意味になるので併せて確認しておきましょう。

語注

□ **be told to do** 〜するように言われる
□ **provide** 動 〜を提出する、提供する
□ **application** 名 申請書、応募
□ **applicant** 名 応募者
□ **portfolio** 名 ポートフォリオ、代表作品選集

14. 5W1Hの疑問詞を使わない疑問文 ◀44

Man: Are the trainees welcome to attend the volunteer cleanup this weekend?

Woman: (A) I hadn't thought about it.
(B) I'm so glad.
(C) I'll do my best.

男性：今週末のボランティア清掃に研修生が参加してもいいですか？

女性：(A) 考えていませんでした。
(B) とても嬉しいです。
(C) ベストを尽くします。

正解 (A)

研修生が今週末のボランティア清掃に参加してもいいかどうかを尋ねる質問に対して「それは考えてなかった」つまり

「その予定はなかった」という応答をしている (A) が正解です。be welcome to do で「自由に〜して良い」という意味になりますが、聴こえた瞬間に意味まで理解できるようにこの表現を覚えておきましょう。

❌ 語注

- □ **trainee** 名 研修生、訓練を受ける人
- □ **be welcome to do** 自由に〜して良い
- □ **attend** 動 〜に参加する
- □ **cleanup** 名 清掃、大掃除
- □ **do one's best** ベストを尽くす

15. 平叙文　　　　　　　　　　　　　◀45

> *Man:* Mr. Kane still hasn't signed the contract we sent.
>
> *Woman:* (A) Sounds good.
> 　　　　 (B) He's in Paris.
> 　　　　 (C) Steal or plastic.

男性：Mr. Kane は、我々が送った契約書にまだサインをしていません。

女性：(A) いいですね。
　　　(B) 彼はパリにいます。
　　　(C) 金属またはプラスチックです。

正解 (B) 🚄

最初のセリフが平叙文で「まだサインをしてもらってない」ことを伝えています。それに対し、「(今) パリにいる (からサインができない)」という状況説明をしている (B) が正解で

す。(A) の「いいですね」は、「まだサインをもらってない」というあまり良くない状況に対しての返答として不適切です。(C) は still に似た steal を使ったひっかけです。最初のセリフの the contract we sent は、we の前に目的格の関係代名詞である which または that が省略されていることも併せて確認しておきましょう。

ディクテーション時は、応答のセリフの He's in が Hee zin のようにつながることを確認しましょう。

語注

□ **sign** 名 〜に署名する
□ **contract** 名 契約 (書)
□ **Sounds good.** それはいいですね。 = It sounds good.
□ **steal** 名 金属
□ **plastic** 名 プラスチック

16. 平叙文　　　　　　　　　　◀46

Woman: I didn't have time to update the Web site this week.

Man: (A) I'll talk to Terry.
(B) On May fourth or fifth.
(C) They're on-site.

女性：今週はWebサイトを更新する時間がありませんでした。

男性：(A) テリーに相談します。
(B) 5月4日か5日に。
(C) 現場にあります。

「時間がなかった」という現状の説明をする否定文で最初の
セリフが始まっています。これに対して「Terryに相談してみ
る」という解決方法を提案している(A)が正解です。このよ
うな単なる報告のようなセリフで会話が始まるときにはどん
な応答が来るか予想ができません。3つの選択肢を聴いてシ
チュエーションに合うものを選びましょう。ここでは日付の
話はしてないので(B)は不正解です。(C)は複数形の代名詞
Theyを指すものが最初のセリフにないため話がつながりま
せん。

この文ではupdateが動詞で使われているのでアクセン
トの位置は後ろにあります。つまりupDAteのイメージ
でdaのところが強く読まれます。名詞の場合はアクセ
ントが前に来るのでUPdateの部分が強くなります。ディ
クテーションの時に注意して聴いてみてください。

語注

□ **update** 動 ～を更新する、最新にする
□ **on-site** 副 現場に、現地に

17. 平叙文　　　　　◀47

Woman: The store won't be open this weekend.

Man: (A) At nine A.M. usually.
(B) Just for now.
(C) That's good to know.

女性：お店は今週末は営業しません。

男性：(A) いつもは午前9時に。
(B) 今のところは。
(C) それは知っておけてよかったです。

正解 (C)

「お店は今週末は営業しない」という女性の報告に対し「それは知っておけてよかった」と応答している (C) が正解です。おそらく男性は従業員なのでしょう。お休みと聞いて嬉しくなったと想像できます。あるいは、男性はお客さんでレジにいる女性からお休みと聞いて「知っておいてよかった」と伝えている可能性もあります。(A) は usually「いつもは」という副詞があり最初のセリフと話がつながりません。(B) も同様に「今のところは」と応答している部分が「今週末は」休みと話しているセリフへの応答として不適切です。

won't は want と音が似ているのでリスニングの時には文脈や語の並びからどちらかを判定している方も多いかと思いますが、実際には won't は「うぉうnt」のように w の後には「おう」という二重母音があります。一方で want は「わーnt」や「うぉーnt」のように音が伸びます。ディクテーションの際にはこの部分にもぜひ注目してみてください。

語注

□ **for now**　今のところは、差し当たり
□ **That's good to know.**　それは（知っておけて）よ
かったです。

18. 平叙文

Man: Let's hire someone with experience in
video production.

Woman: (A) No higher than that.
(B) I was planning on outsourcing that.
(C) I saw it, too.

男性：映像制作の経験者を採用しましょう。

女性：(A) それ以上高いのは無理です。
(B) 私はそれを外注しようと思っていました。
(C) 私も見ました。

正解 (B)

「経験者を採用しよう」という提案に「（採用するのではなく）
外注しようと思っていた」と応答する(B)が正解です。(A)は
hireと音が似ているhigherを使ったひっかけ、(C)はvideo
に関連して「私も見た」と応答している誤答の選択肢です。

ディクテーションの際には、with experience inの部分
が、wi thi ks perien sinのように音がつながっているこ
とにも注目してみてください。

語注

□ **hire**　動　～を雇う

169

□ **video production**　映像制作

□ **plan on doing**　〜するつもりである = plan to do

□ **outsource**　動 〜を外注する、外部委託する

19. 平叙文　◀49

Man: I have a friend who can get us tickets to
the football game.

Woman: (A) I hope I can make it.
(B) In the end.
(C) Once in a while.

男性：フットボールの試合のチケットを手に入れられる友達が
います。

女性：(A) 行けるといいのですが。
(B) 結局は。
(C) たまには。

正解 (A)

これはかなり難しい問題です。シチュエーションを想像する
力が必要になります。男性が「チケットを入手できる友達が
いる」と言って女性は「(私が) 行けるといいのですが」と答え
ている (A) が正解です。おそらく、最初の男性のセリフの前
に行くかどうか相談していて女性の方はまだ予定がわから
ないというような会話がなされていたと考えられます。(A)
を聴いただけではすぐに正解を選べないので、(B) と (C) も
聴いて消去法で (A) を選べるといいですね。(B) や (C) は会
話に合わないので不正解です。ここでは、get us tickets のよ
うに「get 人 モノ」で「(人) のために (モノ) を手に入れる」
という表現も覚えておきましょう。

ディクテーション時は、get us が ge dus のようにつなが
り、また、football の t の音がほとんど聴こえず、「ふっ
ball」に聴こえることに注目してみてください。

語注

□ **get 人 モノ**　(人)のために (モノ)を手に入れる
□ **in the end**　結局、ついに
□ **once in a while**　たまに (は)

20. 平叙文

Woman: I heard that construction of the new tunnel
was complete.

Man: (A) That's great for commuters.
(B) If it is.
(C) It was an exciting competition.

女性：新しいトンネルの工事が完了したと聞きました。

男性：(A) 通勤客にはありがたいですね。
(B) それがあれば。
(C) ワクワクする競争でした。

正解 (A)

最初のセリフが平叙文で「工事が完了したと聞いた」と自分
が聞いてきたことを報告しています。それに対して「通勤客
にはありがたい」と応答している (A) が正解です。(B) は it が
何を指すか不明であることと、it = construction を指すと考
えても「もし完成したなら」という文脈に合わない応答なの
で不正解です。(C) はまったく脈絡のない応答であり、
complete と competition の音のひっかけになります。

ディクテーション時は、tunnel が「トンネル」ではなく「タノー」のように聴こえても正しく書き取れているか確認してください。

語注

- □ **construction** 名 工事、建設
- □ **complete** 形 完了した、完全な
- □ **exciting** 形 ワクワクする、興奮させる
- □ **competition** 名 競争

21. 平叙文

(◀51)

Woman: I want to leave in about 20 minutes.

   Man: (A) Are you?

        (B) Yes, I believe that's the case, too.

        (C) I'm almost ready.

女性：私は20分後くらいに出発したいです。

男性：(A) あなたは？

    (B) はい、私もその通りだと思います。

    (C) もうすぐ準備ができます。

正解 (C)

「20分後くらいに出発したい」という女性に「もうすぐ準備ができる」と男性が応答している (C) が正解です。一緒に出かけることが推測できます。(A) は一般動詞 want で話しかけた女性に対して be 動詞 are で応答しているので不適切です。仮に I want to... と言われたときに「あなたはそうなの？」と聞き返すなら Do you? になります。たとえば、I am interested in the job. などと be 動詞を使った文に対してな

1. When accepting the Schwartz Design Award on behalf of her team, Ms. Jolly pointed out that few of the ideas were <u>her own</u>.

2. The storage container that was delivered is neither the right size <u>nor</u> the proper color.

3. An inspector from the Department of Health and Safety will check the kitchen to ensure it is <u>compliant</u> with health codes.

4. Kate Vale handled her responsibilities as department head <u>admirably</u> until she retired.

5. The Breadbaker 2000 enables users to bake bread <u>themselves</u> quickly and easily.

6. Despite their excellent quality, TJK car parts are only <u>marginally</u> more expensive than those of its competitors.

7. Purchasing a new air conditioner can be considerably <u>more economical</u> than repairing an old one.

8. The mayor announced that the refurbishment of the Bohannan Public Library is <u>finally</u> complete.

9. Employees are trained to work in different sections <u>so that</u> they can help out when there is a staff shortage.

10. Devine Air passengers are reported to <u>enjoy</u> the in-flight entertainment on the airline's flights.

11. According to company policy, food deliveries must be paid for by <u>whoever</u> placed the order.

12. It is becoming <u>increasingly</u> important to hire staff who have experience in Internet marketing.

13. After using the company van, please record the <u>distance</u> you traveled in the logbook.

14. The employee survey shows that the new office location is more convenient for <u>some</u> than others.

15. The <u>lack</u> of communication among employees led to system failures and missed deadlines.

16. Please do not pay for any services until they <u>have been carried out</u> to a satisfactory standard.

17. EX-Stream Internet is highly <u>responsive</u> to requests from its customers.

18. The Makassar Business Conference will feature presentations by business leaders from <u>across</u> the nation.

19. Max Kramer's performance as Les Morris in the film *Lazy Days* is his most <u>memorable</u> to date.

20. Employees can take <u>up to</u> 10 vacation days in a row as long as they provide advance notice.

21. The cause of the copier's malfunction was identified <u>conclusively</u> by a technician who was dispatched by the manufacturer.

22. The museum often <u>invites</u> members to preview new exhibitions a couple of days before they open to the public.

23. Although the software update contains significant changes, <u>many</u> will refuse to install it.

24. Since August, a number of employees working in Carlton Towers <u>have dropped by</u> May's Sidewalk Café for their daily lunch.

25. In the past ten years, Giordano Café has served free coffee with cake orders, which in <u>itself</u> has proven successful but is affecting profits.

26. With factories in four countries, Ingex Corporation now produces 210 products <u>altogether</u>.

27. Customers looking for <u>specific</u> products can check whether or not they are in stock by accessing the Web site.

28. An extension <u>has been added</u> to the library to house a new reference section and the archive of rare books.

29. Replacing the packaging machine will be <u>quite</u> costly, but the one we are currently using is old and inefficient.

30. <u>Soon</u> after Ms. Tanaka was promoted to department head, many of the section's policies were updated.

　超速でスコアアップする、そのためには Part2 と Part5 に絞って徹底的に勉強をする方法を書きました。ちょっとした発音のルールについても言及してきました。ディクテーションでも音読でも発音を少し意識するだけで理解度が違ってきます。さらに単語を覚え、文法を1文1文把握しながら丁寧に勉強をすることで確実に力がつきます。

　解説部分ではどこに注目してどのように解答を選ぶか、さらに、スペースの都合もありましたが、できるだけ関連語やコロケーションも掲載しました。これから別の問題集を使うときにも同じように発音・単語・文法・関連語・コロケーションに注目して勉強を進めてみてください。揺るぎない英語力がつき、TOEIC スコアだけではなく職場やプライベートで使う英語の基盤となってくれます。

　本書の冒頭では勉強をする時のスケジュールや時間の確保についても書きました。学生であっても社会人であっても「時間がない」というのは多かれ少なかれ誰でも持つ悩みです。ご家庭の状況に左右される場合や体調に影響される場合もあるでしょう。ちょっとした隙間時間も蓄積していけば、実りある勉強時間として使うことができます。勉強時間を作ることを諦めずに生活を工夫してみてください。心から応援しております。もし、くじけそうになったら私の Twitter やYouTube、note などを覗いていただきメッセージをいただければ嬉しいです。

　本書は多くの方のご協力と支えがあって完成しました。

　私が英語を好きになるきっかけをくれた中学1年生の時の担任の原田桂子先生。

　この本の企画の段階からずっと長期に渡り伴走してくださった藤枝暁生さん。

解説を書く段階でその3万語とも言われる語彙力で多くのヒントをくれた前澤孝哉くん。

　何冊もの英語書籍の執筆経験があり、相談に乗ってくれた友人の加藤草平さん、渡邉淳さん。

　慣れない作業に何度もオンラインミーティングで支えてくださった編集の齋藤太郎さん。

　TOEICに明け暮れるようになった初期の頃からの友人であり、本書の原稿を厳しくチェックしてくれた渡邉真理子さん。

　他にもたくさんの方に助けられました。本当に感謝しております。

　私にとってTOEICを始めたのはちょっとしたきっかけでした。もともと英語は好きでしたが、さらに楽しくなり、英語を教える仕事までできるようになりました。それに何よりTOEICで出会ったかけがえのない仲間がいます。ほんの少しの決断で人生が大きく動くこともあります。みなさんにとっても、TOEICや本書はほんの小さなきっかけかと思いますが、これが、いつか何か大きな夢や目標につながるといいなと思います。

著者紹介

Jun

2012年から受験を始めた TOEIC® L&R TEST は990点満点を26回取得。英検1級は20回合格。英語発音指導士®。オンライン英語スクール「英語ジム らいおんとひよこ」で英語を教える。現在もシステムエンジニアとして稼働中。2021年より Udemy や企業研修で、IT エンジニア向けの英語講座や TOEIC の講座を提供。プライベートでは語学への興味が尽きることなく、スペイン語の他、最近では中国語と韓国語も学習スタート。多忙な毎日のスケジュールの中で時間を作り語学の勉強を続ける。著書に『英検1級合格マップ』（アルク）がある。

Twitter: https://twitter.com/Jun_suerte
note: https://note.com/jun_celeste
YouTube: ヴィダロカ TV
https://www.youtube.com/channel/UCqc1EVKUHixxstYhJcZRDRA

Ross Tulloch （ロス タロック）

オーストラリアクイーンズランド州のグリフィス大学ビジネス科卒業。近畿日本ツーリスト入社後、ツアーコーディネーターとして6年勤務。クイーンズランド工科大学で英語講師資格 (TESOL) 修得後、日本へ渡る。公立中学校を経て、現在、岡山学芸館高等学校勤務。TOEIC® L&R TEST 990点。共著に『TOEIC® L&R TEST 入門特急 とれる600点』（小社）、『TOEIC® L&R テスト 至高の模試 600問』（アルク）など多数ある。

TOEIC® L&R TEST 超速スコアアップ特急 Part 2&5 を狙え

2022 年 10 月 30 日　第 1 刷発行

著　者	Jun Ross Tulloch
発行者	三宮 博信
装　丁 本文デザイン イラスト	川原田 良一 コントヨコ cawa-j ☆ かわじ
印刷所 発行所	大日本印刷株式会社 朝日新聞出版

〒 104-8011　東京都中央区築地 5-3-2
電話 03-5541-8814（編集）　03-5540-7793（販売）
© 2022 Jun, Ross Tulloch
Published in Japan by Asahi Shimbun Publications Inc.
ISBN 978-4-02-332264-6
定価はカバーに表示してあります。
落丁・乱丁の場合は弊社業務部（電話 03-5540-7800）へご連絡ください。
送料弊社負担にてお取り替えいたします。

ら Are you? と聞き返すことができます。聞き返す場合は元の文の動詞の種類と合わせることが必要です。(B) の that's the case は「その通りだ」という意味なので、「20分後くらいに出発したい」という希望を伝える問いかけに対する応答として不適切です。

ディクテーション時は、leave in about部分が lea vi na ばうっのようにつながることを確認してみてください。

語注

□ **that's the case**　その通りで、それは当てはまる
□ **ready**　形 準備できて

22.　平叙文

🔊52

Man: Mr. Hardy enjoyed the entertainment at the staff party.

Woman: (A) They're good parts.
(B) I didn't see him.
(C) Let's go.

男性：Mr. Hardyは、スタッフパーティでの余興を楽しんでいました。

女性：(A) それがよいところですね。
(B) 私は彼を見かけませんでした。
(C) 行きましょう。

正解 (B)

男性が、Mr. Hardyについて、パーティの余興を楽しんでいたと報告する平叙文で始まっています。それに対して女性

が「私は彼を（パーティで）見かけませんでした」と応答している（B）が正解です。（A）の場合は、Theyが指す複数形の名詞が最初のセリフに見当たらないので不適切です。（C）は、これからパーティが始まるならOKですがenjoyedと過去形で男性がパーティについて言っているので、時制が合わずLet's go. は不正解です。

ディクテーション時は、party のtにはflap /t/のルールが適用され、pardyのように、tが速いdに聴こえることを確認してみてください。

語注

□ **entertainment** 名 余興
□ **staff** 名 スタッフ、職員

23. 平叙文　◀53

Woman: You should take some time off work.

　Man: (A) We start at nine A.M.
　　　(B) I'll take a few things.
　　　(C) I do need a break.

女性：仕事を少し休むべきですよ。

男性：(A) 午前9時から始めます。
　　　(B) いくつか買います。
　　　(C) 確かに休みが必要です。

正解 (C)

女性が「仕事を休むべき」とアドバイスするセリフで始まっています。これに対し、I do needと、動詞needを強調する

doをつけて応答している (C) が正解です。I need a break. でも同じ意味ですが、doをつけることによって「(あなたの言うとおり) 確かに休みが必要だ」とneedの意味を強めて応答しています。(A) や (B) は文脈に合わないため不正解です。

ディクテーション時は、time off がつながって「たいもF」のように聴こえたり、need a が nee da に聴こえたりすることを確認してみてください。

語注
- □ **take time off work**　仕事を休む
- □ **break**　名 休憩

24. 平叙文　　🔊54

Man: I found a bunch of old cameras in the storage room.

Woman: (A) I wonder whose they are.
(B) For ages.
(C) They're nice photos.

男性：倉庫に古いカメラがたくさんありました。

女性：(A) 誰のものかしら。
(B) ずいぶん長い間。
(C) いい写真です。

正解 (A)

最初のセリフが独り言のような平叙文で始まっているので次の応答が予測しづらい問題です。この問題では「倉庫に古いカメラがたくさんあった」という男性の報告に対して「誰

のものかと（不思議に）思う」と答えた(A)が正解です。(B)は「ずいぶん長い間」という意味ですが、最初のセリフは「古いカメラ」と言っているだけなので、期間については言及されていません。また(C)は写真についてのコメントなのでやはり文脈に合わず不正解です。

ディクテーション時は、found a が foun da のようにつながって聴こえることや bunch of も bun chov のように聴こえることも確認してみてください。

語注

- □ **found** 動 find「見つける」の過去形
- □ **a bunch of** たくさんの、一束の
- □ **storage room** 倉庫、物置、貯蔵室
- □ **wonder** 動 ～を不思議に思う
- □ **for ages** とても長い間

25. 平叙文

◀55

Man: I wiped down the refrigerator this morning.

Woman: (A) Do they have good reviews?
(B) Or this afternoon.
(C) I was meaning to do that.

男性：今朝、冷蔵庫を拭いてきれいにしました。

女性：(A) 評判は良いですか？
(B) または今日の午後でも。
(C) それをやろうと思っていました。

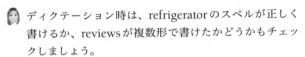

wipe downで「しっかりと拭く、拭いてきれいにする」という意味で、最初のセリフで男性が冷蔵庫の拭き掃除をしたと女性に報告しています。女性は「やろうと思っていた」と応答している(C)が正解です。ここでのthatは「掃除をすること」を指しています。(A)は冷蔵庫の製品レビューや評判などの話題で、かつDo theyがDoes itであれば正解となります。(B)はthis morningに対して関連表現this afternoonを使ったひっかけ解答です。

ディクテーション時は、refrigeratorのスペルが正しく書けるか、reviewsが複数形で書けたかどうかもチェックしましょう。

語注

□ **wipe down**　〜をしっかりと拭く、拭いてきれいにする

□ **refrigerator**　名 冷蔵庫

□ **mean to do**　〜するつもりだ

　自信があったのに間違えたもの、なんとなく選んでみたけど正解していたもの、どちらも復習するには重要です。試験本番では100%の自信を持って正解を選べるように丁寧な復習を心がけましょう。

100%自信を持って正解	問
なんとなく正解	問
間違えた	問

復習に妥協を許さない。

　次のToDoリストを使って不明点を残らず解決しておきましょう。

Part 2　復習ToDoリスト
☑ **知らない単語・表現を調べる**
☑ **文法構造を確認する**
☑ **聴き取れない要因を分析する（速度・音の変化・未知語）**
☑ **不正解の選択肢がなぜ不正解か確認**

Part 2　ディクテーション演習

　知識面での復習が終わったら、次は音を細部までチェック
しましょう。どんなふうに聴こえて間違えたか、どの音が聴
こえなかったかをひとつひとつ確認し、**正確に聴き取る力**を
つけましょう。

　問題を解くと正解したかどうかが気になるところですが、
日々の演習では正解数よりも復習とディクテーションが大
事です。「あ〜間違えちゃった」と残念に思うよりも、「理解
が曖昧だったポイントが洗い出せた」「これで聴き取れる音
が増やせる」と考えると良いです。

🚌 ディクテーションのやり方

① 紙とペン（鉛筆）、または、パソコン上ならメモ帳ソフ
トなどを準備する

② 1センテンスずつ止めて、聴こえてきた文を書き起こす

③ 聴き取れない場合は、3回程度聴き直す
この時は何回目で聴き取れたか書いておく

④ スクリプトをチェックし、スペルまで正しく書き取れて
いるか確認する

Part 2　ディクテーションチェックリスト

☑ 3回聴き直しても聴き取れない箇所をメモした

☑ スペルまで正しく書き出すことができた

☑ 音だけではなく意味を理解して書き出した

☑ 登場人物・背景を想像しながら書き出した

1. *Woman:* Who left all the cupboards open in the kitchen? (56)

　Man: We're cleaning them out.

2. *Man:* What color curtains do you think we should buy?

　Woman: What do they have?

3. *Woman:* When are we expected back at the office?

　Man: The meeting starts at three o'clock sharp.

4. *Man:* Why didn't Petal Industries accept our proposal?

　Woman: They couldn't afford it.

5. *Woman:* Is this table free, or has someone reserved it?

　Man: That one's taken, I'm afraid.

6. *Woman:* How many people went to the gardening convention?

　Man: It's not over yet.

7. *Woman:* Why don't you drop by my office on your way back?

    Man: What time do you close?

8. *Man:* Why don't we postpone the campaign for a week?

    Woman: That would give us enough time.

9. *Man:* Would you like to see the color options?

    Woman: I'm only interested in white.

10. *Woman:* You're staying in Seattle for a week, right?

    Man: Then I'm moving on to New York.

11. *Woman:* These instructions are hard to follow, aren't they?

    Man: I haven't seen them.

12. *Man:* Have you received an invitation to the year-end awards ceremony?

    Woman: I was asked to present.

13. *Woman:* What were you told to provide with your application?

    Man: A portfolio of my work.

14. *Man:* Are the trainees welcome to attend the volunteer cleanup this weekend?

    Woman: I hadn't thought about it.

15. *Man:* Mr. Kane still hasn't signed the contract we sent.

    Woman: He's in Paris.

16. *Woman:* I didn't have time to update the Web site this week.

    Man: I'll talk to Terry.

17. *Woman:* The store won't be open this weekend.

    Man: That's good to know.

18. *Man:* Let's hire someone with experience in video production.

    Woman: I was planning on outsourcing that.

19. *Man:* I have a friend who can get us tickets to the football game.

    Woman: I hope I can make it.

20. *Woman:* I heard that construction of the new tunnel was complete.

    Man: That's great for commuters.

21. Woman: I want to leave in about 20 minutes.

Man: I'm almost ready.

22. Man: Mr. Hardy enjoyed the entertainment at the staff party.

Woman: I didn't see him.

23. Woman: You should take some time off work.

Man: I do need a break.

24. Man: I found a bunch of old cameras in the storage room.

Woman: I wonder whose they are.

25. Man: I wiped down the refrigerator this morning.

Woman: I was meaning to do that.

コラム

リスニング上達のヒント (3)

リスニング上達に欠かせない発音のルールで、tに関わるルールをいくつか見てみましょう。アメリカ英語に特徴的なルールになりますが、知っておくことで、リスニングの聴き間違えが格段に減ります。

5 flap / t /

アメリカ英語の特徴の一つで、アクセントのない位置で、母音に挟まれたt、あるいはrの後のt、そしてlの前のなどが、tの音ではなく、quick / d /、つまり「速いd」の音になる現象です。

例

□ little
　liddle のイメージで発音する

□ excited
　excided のイメージで発音する

□ get in
　gedin のイメージで発音する

□ started
　starded のイメージで発音する

□ digital
　digiddle のイメージで発音する

6 silent /t/

🔊 63

これも「言われたら思い当たる節がある！」と感じる方が多いルールかと思います。/n/のあとに/t/の音がきたら、/t/が消えてしまう現象です。

例を見て感覚を掴んでみてください。

例

□ interview

inner view のように発音する

□ international

inner national のように発音する

□ plenty

pleny のように発音する

□ percentage

percenige のように発音する

ここまでいくつかのアメリカ英語の特徴となる発音のルールを解説してきました。実際にたくさんの英語を聴いて、「リスニング上達のヒント(1)〜(3)」のルールが適用されている発音を見つけてみましょう。

　本番試験と同じ問題数のPart 5を30問を解いてみてくだ
さい。

　これまでの問題演習で、問題の解き方や復習の方法を学
び、さらに音読のトレーニングもこなしてきました。少し自
信になってきましたか？ここでは時間を測って1問30秒以
内に解くこと、全部で15分以内に解き終えることを目指し
てみましょう。860点超えを目指す方は10分以内を目指し
てください。

1. When accepting the Schwartz Design Award on behalf of her team, Ms. Jolly pointed out that few of the ideas were -------.

(A) herself
(B) her
(C) her own
(D) she

1. 品詞を問う問題

選択肢には代名詞sheの異なる形が並んでいます。空所の位置を確認すると、pointed out の目的語のthat節内be動詞wereの補語になっています。このthat節内の主語はfew of the ideas なので、her ideasを指す (C) her own「彼女自身の」が正解です。fewが「ほとんど〜ない」なので、ここでは「ほとんどのアイデアが彼女の (アイデア) ではなかった」という意味になります。代名詞の場合はその単語が何を指しているかを確認して選びましょう。(A)や(B)はfew of the ideas wereの文の補語にしたときに、何を指すか不明なので不正解です。また、(D) は主格で補語にはなれないため不正解です。

音読での復習の際には、on behalf of「〜を代表して」というフレーズをまるまる覚えられるように意識して音読をしてみてください。

訳 チームを代表してSchwartz Design賞を受け取ったとき、Ms. Jollyは「自分のアイデアはほとんどなかった」と指摘した。

(A) herself 　[再帰代名詞] 彼女自身
(B) her 　　　[目的格／所有格代名詞] 彼女を (に)、彼女の
(C) her own　彼女自身の
(D) she 　　　[主格代名詞] 彼女は

語注

□ **on behalf of** 　〜を代表して、〜の代わりに
□ **point out** 　〜を指摘する

2. The storage container that was delivered is neither the right size ------- the proper color.

(A) both
(B) also
(C) or
(D) nor

2. 語法を問う問題

空所の少し前を確認すると neither があるので、neither A nor B で「A も B もない」という表現で (D) が正解であることがわかります。見た瞬間に解くことができる問題です。ここでは the right size と the proper color を結びつける接続詞が nor となっています。

👩 他によくある相関接続詞としては、both A and B で「A も B も両方とも」や、either A or B で「A か B のどちらか」、not only A but also B で「A だけでなく B も」という表現もすぐに正解を選べるように覚えておきましょう。

訳 届けられた保存容器は、正しいサイズでも適切な色でもない。

(A) both 形 代 両方 (の)
(B) also 副 また
(C) or 接 または
(D) nor 接 〜もまた…ない

✖ 語注

□ **storage** 名 保管、貯蔵
□ **container** 名 容器
□ **right** 形 正しい
□ **proper** 形 適切な、妥当な

3. An inspector from the Department of Health and Safety will check the kitchen to ensure it is ------- with health codes.

(A) compliant
(B) substantial
(C) intermediate
(D) recreational

3. 語彙を問う問題

正解 (A)

異なる形容詞が選択肢に並んでいる語彙知識を問う問題です。空所直後のwithを見て、すぐにcompliant with「〜に適合している」がわかれば、(A) が選べます。withだけで選べない場合でもhealth codes「衛生基準」にどうしているかを考えれば「適合している、準拠している」の意味のcompliantが選べます。そのためには選択肢の形容詞の意味を知っていないと選べないので語彙知識を日頃から増やすように頑張りましょう！

音読で復習するときにはcompliantだけではなくcompliant withのコロケーションで知識が定着するようにwithまで一カタマリとして意識してみてください。

訳 健康安全部門の検査官がキッチンを検査し、衛生基準に適合していることを確認する。

(A) compliant 　形 適合している、準拠している
(B) substantial 　形 実態のある、たっぷりの
(C) intermediate 　形 中間の
(D) recreational 　形 娯楽の、気晴らしの

語注

□ **inspector** 名 検査官、監査人
□ **check** 動 〜を検査する
□ **compliant with** 〜に適合している、準拠している
□ **health code** 衛生基準

4. Kate Vale handled her responsibilities as department head ------- until she retired.

(A) forever
(B) intriguingly
(C) admirably
(D) typically

4. 語彙を問う問題

選択肢には異なる意味の副詞が並んでいます。空所前後だけでは解けない問題なので、文の意味を考えていきましょう。「部長としての責任を」どのように果たしたかを考えると「立派に」という意味の (C) admirably が正解です。このような問題では単語の意味を知っていれば楽に解けますが、知らないと解けません。知っている単語が1つでも2つでもあれば消去法を駆使して正解を選ぶようにしましょう。ただ、あまり時間をかけても知らないものは知らないので、わからない単語が多い場合はサッと1つ選んで次の問題に進むのが時間の節約の意味でも賢明です。

ここでは handled her responsibilities と、responsibilities を handle するという表現になっていますが、他にもいくつか responsibility と相性の良い動詞があるので覚えておくと Part 5 で出てきた時に正解できます。
assume / take on responsibility (責任を負う、引き受ける)
bear responsibility (責任を負う)
shoulder responsibility (責任を負う)
exercise responsibility (責任を果たす)

訳 Kate Vale は、退職するまで部長としての責任を立派に果たした。

(A) forever　　副 永遠に、絶えず
(B) intriguingly　副 興味深いことに
(C) admirably　副 立派に、見事に
(D) typically　　副 典型的に、一般的に

語注

□ **handle** 動 〜を扱う
□ **responsibility** 名 責任、職務
□ **department head** 部長、部門長
□ **retire** 動 退職する

5. The Breadbaker 2000 enables users to bake bread ------- quickly and easily.

(A) they
(B) their
(C) themselves
(D) them

5. 文の構造を問う問題

異なる形の三人称複数の代名詞が選択肢に並んでいます。空所の前後を確認すると、前には動詞bakeとその目的語bread、後ろには副詞があり文が終わっているので、主語となる(A) theyはこの位置には入りません。直後には副詞quickly and easily「素早く簡単に」があるので名詞を修飾する(B) their は不適切です。(D) themについても動詞bakeには目的語breadがあるため不正解です。つまり、文構造を壊さない(C)以外は正解になり得ません。また、空所部分の代名詞は三人称複数なのでThe Breadbaker 2000ではなくbake breadの動作主であるusersを表します。

 ここではthemselves は強調で使われ、「(他人に焼いてもらうのではなく)ユーザー自身が」パンを焼ける、という文意になることも確認しておきましょう。

訳 Breadbaker 2000を使うとユーザーは自分で素早く簡単にパンを焼くことができる。

(A) they	[主格代名詞] 彼らは
(B) their	[所有格代名詞] 彼らの
(C) themselves	[再帰代名詞] 彼ら自身
(D) them	[目的格代名詞] 彼らを (に)

語注

- □ **enable 人 to do** (人) が〜するのを可能にする
- □ **bake** 動 〜を焼く
- □ **quickly** 副 素早く
- □ **easily** 副 簡単に

6. Despite their excellent quality, TJK car parts are only ------- more expensive than those of its competitors.

(A) marginally
(B) authentically
(C) exactly
(D) differently

6. 語彙を問う問題

正解 (A)

異なる意味の副詞が選択肢に並ぶ語彙問題です。空所直後にはmore expensiveという比較級があることに注目し、この「〜より高価な」を修飾するのに合う副詞は (A) のmarginally「ほんのわずかだけ」となります。

marginallyの他にはslightly「わずかに」も同じように使えます。また、considerably、significantly、substantiallyなどは比較級と一緒に使って「かなり」という意味になります。ここでは、marginallyを用いたコロケーションとして

marginally better (かろうじて良い)
marginally profitable (かろうじて利益が出ている)
marginally effective (かろうじて効果のある)
marginally successful (わずかに成功した)

などを覚えておきましょう。

訳 その優れた品質にもかかわらず、TJKの自動車部品は競合他社のものよりもわずかに高いだけだ。

(A) marginally	副 ほんのわずかだけ
(B) authentically	副 確実に、真正に
(C) exactly	副 正確に、厳密に
(D) differently	副 違うように、違って

語注

□ **excellent** 形 優れた、優秀な
□ **quality** 名 品質、質
□ **car parts** 自動車部品
□ **competitor** 名 競合他社、競争相手

7. Purchasing a new air conditioner can be considerably ------- than repairing an old one.

(A) economy
(B) more economical
(C) most economic
(D) economically

7. 品詞を問う問題

品詞の異なる economy の派生語が選択肢に並んでいます。空所の直後の than を見ればすぐに (B) が正解とわかる、見た瞬間に解くことができる問題です。No. 6 の解説でも言及しましたが、比較級を修飾する副詞として considerably にも注目して音読での復習で知識の定着を図りましょう。more ... than の関係がわかればすぐに正解を選べる問題でしたが、(B) の economical は「経済的な、節約の」という意味で、(C) の economic は「経済の、経済学の」を意味する異なる単語だということも覚えておいてください。なお considerably と似た単語で同じく consider の派生語である considerately は「思慮深く」という意味なので、区別をしておきましょう。

音読で economical を何度も声に出して練習し「経済的な」の意味を覚えてしまえば、もう一方の economic も別の問題で出題された際にきちんと区別がつきます。

訳 修理するよりも新しいエアコンを購入した方がかなり経済的であったりする。

(A) economy　　　　　　名 経済
(B) more economical　　形 economical「経済的な」の比較級
(C) most economic　　　形 economic「経済の」の最上級
(D) economically　　　　副 節約して、経済的に

語注

□ **purchase**　動 ～を購入する
□ **air conditioner**　エアコン
□ **repair**　名 ～を修理する

8. The mayor announced that the refurbishment of the Bohannan Public Library is ------- complete.

(A) finalize
(B) final
(C) finally
(D) finalization

8. 品詞を問う問題

正解 (C)

finalの派生語で品詞の異なる選択肢が並ぶ品詞問題です。
空所はthat節内にあり、その前後を確認するとbe動詞のis
と形容詞completeがあります。isの主語はrefurbishment
なので、空所部分がなくても「改修が完成している」と文が
成立しています。この場合に空所に入るのは副詞なので(C)
が正解です。completeは、ここでは形容詞ですが、動詞で
「～を完了する、記入する」の意味もあります。

 ここではrefurbishment「改修」が使われていますが、似
た意味を持つrenovationやrestorationもあります。ど
れも

That apartment is undergoing refurbishment /
renovation / restoration.

と、be動詞 + undergoingと使われることが多いです。
意味的にはrefurbishmentとrenovationが「改装」で新
たな部分や機能の追加がなされることがありますが、
restorationは「修復」で元の状態に戻すことを言います。

訳 市長は、Bohannan公立図書館の改修がようやく完了したことを
発表した。

(A) finalize　　　動 ～を仕上げる、完結させる
(B) final　　　　形 最後の、最終的な
(C) finally　　　 副 ついに
(D) finalization　名 完了、完成

語注

□ **refurbishment** 名 改修、一新
□ **public library** 公立図書館

9. Employees are trained to work in different sections ------- they can help out when there is a staff shortage.

(A) as though
(B) even so
(C) ever since
(D) so that

9. 語彙を問う問題

正解 (D)

選択肢には接続詞や副詞として使われる表現が並んでいます。文構造を確認すると主語と動詞の組み合わせが2つあるので副詞として使われる(B)は不適切です。他の選択肢は接続詞として使われるため、正解を絞り込むには文意を取る必要があります。空所より前の主節では「従業員が異なるセクションで働くよう訓練されている」という文脈があり、空所後の従属節では「人員不足の際には助けることができる」と書かれています。この文脈に合うのは「〜するために」を意味する(D)です。(A)や(C)は文意に合いません。(A)の as though は仮定法を伴い「まるで〜のように」という意味です。たとえば、as though he were a regular customer で「彼はまるで常連客のように」という意味になります。

音読の際には、so that に続く節の中で「〜できるように」と目的が伝えられていることを意識しながら音読をしてみましょう。

訳 従業員はスタッフが不足しているときには助けられるように、異なるセクションで働くように訓練されている。

(A) as though　（まるで）〜のように
(B) even so　たとえそうであっても
(C) ever since　〜以来（ずっと）
(D) so that　〜するために = in order that

語注

□ **train** 動 〜を訓練する
□ **section** 名 部門
□ **help out** （困った時などに）助ける、手伝う

10. Devine Air passengers are reported to ------- the in-flight entertainment on the airline's flights.

(A) enjoyable
(B) enjoy
(C) enjoyment
(D) enjoyably

10. 品詞を問う問題

正解 (B)

品詞の異なる enjoy の派生語が選択肢に並んでいる品詞問題です。空所の前には are reported to があり、直後には enjoy の目的語となる the in-flight entertainment があるため、動詞である (B) が正解です。be reported to do で「〜すると報告されている」という意味になり、to 不定詞が使われることに注目しましょう。

ここでは be reported to do で「〜すると報告されている」という意味で使われていますが、TOEIC では report to（人）の形では「（人）の直属である」という意味で使われることがあります。たとえば、I report to Ms. Devon. は「私は Ms. Devon の直属の部下です」という意味です。

訳 Devine 航空の乗客は、機内のエンターテインメントを楽しんでいるとのことだ。

(A) enjoyable 　形 楽しい、愉快な
(B) enjoy 　　　動 〜を楽しむ
(C) enjoyment 　名 楽しみ
(D) enjoyably 　副 楽しく、愉快に

語注

□ **be reported to do** 〜すると報告されている
□ **in-flight** 形 機内の、飛行中の　名 機内、飛行中

11. According to company policy, food deliveries must be paid for by ------- placed the order.

(A) whoever
(B) whom
(C) that
(D) those

11. 文法事項を問う問題

代名詞や形容詞になる選択肢が並んでいます。空所の後には placed the order という、動詞と目的語の組み合わせがあります。この動詞の主語が空所の前に見当たらないため、空所には placed の主語に該当するものを選ぶ必要があります。前置詞 by の直後なので空所以降が名詞・名詞句・名詞節になることを考えると、名詞節を作る (A) が正解です。(B) は目的格の関係代名詞なので placed の主語にはなりません。(C) や (D) は主格であっても placed の主語となって名詞節を作る働きができないため不正解です。

 according to ～の関連語として「それに応じて」という意味の accordingly も出題されたら正解できるように例文を見ておきましょう。

The café owners are responsive to customer requests and provide good service accordingly.
（カフェのオーナーはお客様の要望に応え、状況に応じて良いサービスを提供してくれます。）

After checking the weather forecast, adjust your plans accordingly.
（天気予報を確認した後、それに応じて計画を調整してください。）

訳 会社の方針に従うと、食べ物の配達は注文した人誰もが支払う必要がある。

(A) whoever　代 ～する誰でも、誰が～しようと
(B) whom　代 （目的格の疑問代名詞・関係代名詞として使われる）
(C) that　形 代 あの、あれ
(D) those　形 代 （複数の人を表す）それらの、それら

語注

□ **according to** ～によると、～に従って
□ **company policy** 会社の方針

12. It is becoming ------- important to hire staff who have experience in Internet marketing.

(A) increasingly
(B) increase
(C) increased
(D) increases

12. 品詞を問う問題

空所にはincreaseの派生語が並んでいます。空所の前後は
It is becoming と importantになっていて、「ますます重要
になってきている」という意味の文がすでに完成しています。
このような場合には副詞が入るので (A) が正解です。文法
構造を確認してみると、becomingの補語が形容詞 impor-
tantで、importantをincreasinglyという副詞が修飾してい
ます。また、文頭のItは形式主語でto hire以下を表してい
ます。

文中のstaffは集合名詞なので単数扱いの場合も複数扱
いもありますが、人員の集合を表すので人数が1人以上
であってもstaffsではなくstaffになります。そのstaffの
うちの1人を表したい場合はa staff memberとします。
関連して、人員不足であることを意味するunderstaffed
やshort-staffedも覚えておきましょう。The New York
office is understaffed. （NY支社は人員不足です。）など
と使います。

訳 インターネットマーケティングの経験があるスタッフを採用する
ことがますます重要になってきている。

(A) increasingly 　副 ますます、だんだん
(B) increase 　動 増える、〜を増やす　名 増加
(C) increased 　動 increaseの過去形・過去分詞
(D) increases 　動 increaseの三人称単数現在形
　　　　　　　　名 increaseの複数形

13. After using the company van, please record the ------- you traveled in the logbook.

(A) distant
(B) distantly
(C) distance
(D) distanced

13. 品詞を問う問題

選択肢にはdistantの派生語が並んでいます。他の品詞問題同様、空所前後の文法構造から考えましょう。空所前にtheがついていることから空所には名詞が入るかなと、まずは予測できます。(C) distanceを入れてみると、すぐ後にはyou traveledと主語＋動詞があるので、distanceを説明する目的格の関係詞が省略されていることがわかります。(C)が正解です。動詞recordの目的語がthe distanceであることも併せて確認しておきましょう。

音読の際には、recordが動詞で使われているのでアクセントの位置は後ろにしてreCOrdのように読むように気をつけましょう。名詞の場合は、アクセントは前に来るので、REcordのように、reの部分が強くなります。

訳 社用のバンを使用した後は、移動した距離を業務日誌に記録してください。

(A) distant 　　形 遠い
(B) distantly 　　副 遠く
(C) distance 　　名 距離　動 〜を遠ざける
(D) distanced 　　動 distanceの過去形、過去分詞

語注

□ **van** 名 バン、小型トラック
□ **record** 動 〜を記録する
□ **travel** 動 移動する、旅行する
□ **logbook** 名 業務日誌

14. The employee survey shows that the new office location is more convenient for ------- than others.

(A) much
(B) some
(C) any
(D) all

14. 文法事項を問う問題

正解 (B)

選択肢は、どれも単語自体は簡単ですが、用法が多いので問題としての難易度が高くなる傾向にあります。まず空所の前後を見ると直前は前置詞のforがあり、直後がthanとなっています。このthanは空所の少し前にあるmoreと呼応していることにも注目しましょう。前置詞forの後には (代) 名詞がきますが、それだけでは絞り込めないため、文意を確認します。従業員のアンケートによると新しいオフィスの場所が (空所) にとってothersより便利である、という文脈なので、ここは「従業員のうちの何人か」を表す (B) some が正解です。

> ここでのsomeは全体のうちの一部を指して「〜な人もいる」ことを表しています。someに対してothersがあるため、直訳すると「他の人たちに比べて便利な人もいる」となります。more convenient for some employees than for other employees と考えるとわかりやすくなります。

訳 社員アンケートでは、新しいオフィスの場所が便利な人とそうでない人がいることがわかる。

(A) much 代 多量 形 多くの 副 おおいに
(B) some 代 多少 形 いくらかの 副 いくぶん
(C) any 代 どれでも、誰で 形 どの、いくらかの
(D) all 代 すべてのもの 形 すべての 副 全く

語注

□ **employee survey** 従業員アンケート
□ **convenient** 形 便利な

15. The ------- of communication among employees led to system failures and missed deadlines.

(A) lack
(B) lacks
(C) lacking
(D) lacked

15. 品詞を問う問題

選択肢を確認すると、lackの様々な形が並んでいます。空所前後にはthe、ofがあるため「〜の不足」という意味となる(A) lackが正解です。名詞のlackは複数形がないため、(B) lacksは名詞ではなく、動詞のlackに三単現のsがついたものです。(C)は動名詞、または現在分詞であり、(D)は過去形、または過去分詞のためいずれも不正解となります。

 lack of 〜の形でよく使われる他の表現としては下記もあります。

lack of information (情報不足)

lack of knowledge (知識不足)

lack of interest (関心の欠如)

lack of attention (注意力の欠如)

訳 社員間のコミュニケーション不足により、システム障害や納期遅れが発生した。

(A) lack   名 不足   動 欠いている
(B) lacks   動 lackの三人称単数現在形
(C) lacking   動 lackの現在分詞
(D) lacked   動 lackの過去形・過去分詞

🗒 語注

□ **failures**   名 障害、失敗、故障
□ **missed deadlines**   納期遅れ

16. Please do not pay for any services until they ------- to a satisfactory standard.

(A) were carried out
(B) will be carried out
(C) have been carried out
(D) have carried out

16. 文法事項を問う問題

正解 (C)

選択肢には、carry out（〜を実行する）の様々な形が並んでいます。文構造を確認すると、空所部分はuntilが導く従属節の動詞で、主語はtheyです。theyは主節の複数形名詞any servicesを指していることも併せて確認しましょう。このany servicesはcarry outするのではなくcarry out されるほうなので受動態ではない(D)は不正解です。文意としては「サービスが満足のいく水準で実施されるまで」と条件を表しているので、条件を表す副詞節は内容が未来のものであっても現在形、もしくは現在完了形を使うというルールがあります。現在形のare carried outは選択肢に無いため、現在完了形の(C)が正解となります。

🧑 音読の際には、pay for any servicesや to a satisfactory standardの語句は一カタマリで読むようにして、前置詞や冠詞に注目しながら音読しましょう。

訳 サービスが満足のいく水準で実施されるまで、支払いをご遠慮ください。

(A) were carried out　　　　carry outの受動態・過去形
(B) will be carried out　　　carry outの受動態・未来形
(C) have been carried out　　carry outの受動態・現在完了形
(D) have carried out　　　　carry outの現在完了形

❌ **語注**

□ **carry out** 〜を実行する
□ **satisfactory** 形 満足な、申し分のない
□ **standard** 名 水準、基準

17. EX-Stream Internet is highly ------- to requests from its customers.

(A) response
(B) responder
(C) responding
(D) responsive

17. 語彙を問う問題

正解 (D)

先ず文法的にアプローチすると、(B) は可算名詞であり、無冠詞の単数名詞では使うことができません。(A) も名詞ですが、こちらは可算・不可算両方の用法があり、排除することができません。ここからは文脈からのアプローチとなります。「顧客からの要望に非常に素早く対応する」という意味になる (D) が正解となります。(A) と (C) は文脈に合いません。

ここでは、responsive to で前置詞 to が使われ、to の後には名詞がきます。選択肢の response や responding (respond) にも前置詞 to が使われるのでセットで覚えておきましょう。

response to your e-mail (あなたのEメールへの対応)

respond to your request (あなたのリクエストに対応する)

訳 EX-Stream Internet は顧客からの要望に非常によく応えてくれる。

(A) response　　　名 返答、応答
(B) responder　　 名 対応者
(C) responding　　動 respond「対応する」の現在分詞
(D) responsive　　形 すぐ応答する、敏感な

語注

□ **request**　名 要望、リクエスト

18. The Makassar Business Conference will feature presentations by business leaders from ------- the nation.

(A) upon
(B) among
(C) behind
(D) across

18. 語法を問う問題

前置詞を選ぶ問題です。空所の前にある business leaders from に注目し、どこからのビジネスリーダーたちかを考えます。ここでは (D) が正解です。across the nation で「その国じゅう」を意味します。他の選択肢は意味が通じないので不正解です。

この問題では空所の前に別の前置詞 from があり、前置詞が2つ連続するため、違和感を覚えるかもしれませんが、across the nation で一つのカタマリと考え「その国じゅう」から（=from）という使い方もこの機会に覚えておきましょう。こんな問題が一番音読での復習が生きてきます。他にも、from across the globe で「世界中から」のような表現もあります。その他に前置詞が2つ並ぶ TOEIC 頻出表現は be promoted from within the company（社内から登用される）などがあります。

訳 Makassar ビジネス会議では、国じゅうからのビジネスリーダーによるプレゼンテーションを呼びものにする。

(A) upon 前 〜の上で、〜する際
(B) among 前 〜の間に
(C) behind 前 副 （〜の）後ろに
(D) across 前 〜を渡って、〜の至る所に、〜中に 副 横切って

語注

☐ **feature** 動 〜を呼び物にする、特集する
☐ **presentation** 名 プレゼンテーション、発表

19. Max Kramer's performance as Les Morris in the film *Lazy Days* is his most ------- to date.

(A) memorable
(B) knowledgeable
(C) resourceful
(D) receptive

19. 語彙を問う問題

選択肢に様々な意味の形容詞が並ぶ語彙問題です。語彙問題の場合は空所前後を見て解ける問題は少ないので文意をしっかり理解して問題を解きましょう。この問題では、主語がとても長いですが、一番重要なのはperformanceが主語であると見極めることです。動詞はbe動詞のisです。Max Kramerの演技がどうだったかを考えると文意的に (A) のmemorableが正解と分かります。他の選択肢は、performanceが主語の文の補語としては不適切です。

不正解選択肢の単語がどんなふうに使われるか、どんな名詞と相性が良いか確認しておきましょう。

The guide at the museum was very knowledgeable.
（美術館のガイドはとても知識が豊富だった。）

A project manager should be resourceful.
（プロジェクトマネージャーは機知に富んだ人であるべきだ。）

During his first performance, the audience was very receptive.
（彼の初公演では、観客はとても好意的だった。）

訳 Max Kramerの映画『Lazy Days』のLes Morris役での演技は、今までで最も印象深い。

(A) memorable 　　形 記憶に残る、印象的な
(B) knowledgeable 　形 知識のある
(C) resourceful 　　形 機知に富んだ、機転が利く
(D) receptive 　　　形 よく受け入れて

語注

□ **performance** 名 演技、演奏
□ **film** 名 映画
□ **to date** 現在まで、これまで

20. Employees can take ------- 10 vacation days in a row as long as they provide advance notice.

(A) aside from
(B) up to
(C) due to
(D) ahead of

20. 語法を問う問題

選択肢には群前置詞句が並んでいます。語彙問題と同様に、文意を確認し正解を選びにいきましょう。まず、空所の前に動詞 take があり、空所直後には 10 vacation days という take の目的語があります。この 10 vacation days の前につけて「最大で 10 日」という意味になる (B) が正解です。また、(A) は Employees can take sick leave aside from 10 vacation days. のような文であれば使えます。

ここでは「連続 10 日の休暇」を 10 vacation days in a row と表現していますが、他にも下記のような言い方を覚えておきましょう。

10 vacation days in succession
10 vacation days successively
10 vacation days consecutively
10 consecutive vacation days

訳 従業員は事前申請を提出すれば、連続して 10 日まで休暇を取ることができる。

(A) aside from ～は別として
(B) up to ～まで (に)
(C) due to ～のため
(D) ahead of ～より前に、～より進んで

語注

□ **vacation days** 休暇
□ **in a row** 一列に、連続して
□ **as long as** ～する限り
□ **advance notice** 事前通知、予告

21. The cause of the copier's malfunction was identified ------- by a technician who was dispatched by the manufacturer.

(A) conclude
(B) conclusion
(C) conclusively
(D) conclusive

21. 品詞を問う問題

正解 (C)

concludeの派生語が選択肢に並ぶ品詞問題です。文法構造をよく読み取って答えを考えましょう。まずは空所前後のwas identified と by a technicianと、その主語cause で文が成立しています。つまり欠けている要素がありません。ということで、正解は副詞の (C) です。(B) を迷うかもしれませんが、conclusionを選んだ場合、be動詞 (was) は主語と補語を意味的にイコールで繋ぐ役割を果たすため、The cause = identified conclusionとなり、文全体の意味が「故障の原因は、特定された結論だった」という意味が伝わらないものになってしまいます。

音読で復習する際には、原因が技術者によって特定されたことを述べる文にどんなふうに「特定されたのか」を修飾する副詞としてconclusively「決定的に、はっきりと」が使われている文構造を瞬時に処理できるように、繰り返し音読して復習しておきましょう。

訳 コピー機の故障の原因は、メーカーから派遣された技術者によってはっきりと特定された。

(A) conclude   動 〜を終わりにする、結論を下す
(B) conclusion   名 結論
(C) conclusively   副 はっきりと、決定的に
(D) conclusive   形 決定的な、最終的な

語注

- □ **cause** 名 原因
- □ **malfunction** 名 故障、機能不全
- □ **identify** 動 （原因など）を特定する、〜を確認する
- □ **dispatch** 動 〜を派遣する、送る
- □ **manufacturer** 名 メーカー、製造業者

22. The museum often ------- members to preview new exhibitions a couple of days before they open to the public.

(A) offers
(B) invites
(C) informs
(D) responds

22. 語彙を問う問題

正解 (B)

選択肢には様々な意味を持つ動詞が並んでいる語彙問題なので、どの単語が正解かを見極めるために、文意を確認しましょう。ここでは「一般公開の数日前に会員を○○して、新しい展示のプレビューを行う」という文脈になっていて、これに合うのは「招待する」という意味の(B) です。

本問は語法の観点からも正解を導くこともできます。

(A) offersは「SVOO」もしくは、「SVO」の文型を取りますが、必ずモノor事柄を目的語に取るので、目的語がmembersしか見当たらない時点で正解の候補から外れます。

(C) informsは直後に人 (members) を目的語に取りますが、その後ろにto不定詞を従える語法はありません。inform 人 of (about) モノ (事柄)、inform 人 that SV の形を取るので、ここでは正解になりません。

(D) respondsは後ろにthat節を従えるとき以外は自動詞として機能するので、目的語のmembersが見えた時点で正解の候補から外れます。

後ろに人 to doの形をとる語法があるのは (B) invitesのみです。意味にとらわれずに、それぞれの動詞の語法からアプローチして正解を導き出すことにも挑戦してみましょう。

訳 博物館では、一般公開の数日前に会員を招待して、新しい展示のプレビューを行うことがよくある。

(A) offers　動 offer (〜を提供する) の三人称単数現在形
(B) invites　動 invite (〜を招待する) の三人称単数現在形
(C) informs　動 inform (〜に知らせる) の三人称単数現在形
(D) responds　動 respond (返答する) の三人称単数現在形

語注

□ **a couple of** 数個の、二人1組の
□ **open to the public** 一般公開を始める

23. Although the software update contains significant changes, ------- will refuse to install it.

(A) such
(B) which
(C) nothing
(D) many

23. 語法を問う問題

選択肢には形容詞や代名詞として使われる単語が並んでいます。空所の位置を確認すると動詞 will refuse の前で、カンマの直後なので主節の主語が入ることがわかります。主節の文意は「インストールするのを拒否するだろう」という意味なので空所にはインストールを拒否する人を表す単語が入るべきです。また、Although から始まる従属節も含め文意を確認すると「重要な変更が含まれているが、○○がインストールを拒否するだろう」となっているので、「多くの人」を意味する代名詞 (D) が正解です。(A) や (C) は人を表すのに使われません。(B) は平叙文の主語として使えないため不正解です。

音読での復習の際には、refuse to の後には動詞の原形が来ることを覚えましょう。また、文末の it は the software update を指していることも意識をして音読しましょう。代名詞の it や them は常にどの語句を指しているか確認しましょう'。

訳 ソフトウェアアップデートには重要な変更が含まれているが、多くの人がインストールを拒否するだろう。

(A) such 　　形 このような　代 こんなこと
(B) which 　[疑問代名詞、関係代名詞] どちらの
(C) nothing 　代 何も〜ない
(D) many 　　代 多くの人、多くのもの　形 多くの

語注

□ **contain** 動 〜を含む
□ **significant** 形 重要な

24. Since August, a number of employees working in Carlton Towers ------- May's Sidewalk Café for their daily lunch.

(A) have dropped by
(B) are dropped by
(C) will be dropping by
(D) dropped by

24. 文法事項を問う問題

正解 (A)

動詞の適切な形を見極める問題です。このタイプの問題のポイントは3つあります。すなわち、主述の一致・時制・態です。本問の場合、主語はa number of employeesと複数形ですが、全ての選択肢が複数形に対応していますので、正解を絞り込むポイントは時制と態と言うことになります。空所直後に動詞の目的語であるMay's Sidewalk Caféが見えているので、受動態は入りません。この時点で(B)が正解の候補から外れます。次に時制を検討します。キーワードは文頭のSince Augustです。Sinceはある過去の時点から現在に至るまでを表す前置詞ですから、現在完了形の(A)が正解となります。(D)は過去形なので、過去の一時点を示すキーワード(last yearなど)があるかを確認しましょう。キーワードがある場合には正解になり得ますが、本問ではそれがないので、正解の候補から外れます。(C)は未来の表現なので、Since Augustがない、あるいはFrom Augustであれば正解でした。

音読する際には、since Augustとhave dropped byを意識して復習をしましょう。「〜月以来」という表現と、drop byはセットで句動詞として「〜に立ち寄る」ということを知識として定着させます。

訳 8月以降、Carlton Towersで働く多くの従業員が、毎日のランチにMay's Sidewalk Caféに立ち寄っている。

(A) have dropped by　　　drop byの現在完了形
(B) are dropped by　　　drop byの受動態 (現在形)
(C) will be dropping by　　drop byの未来進行形
(D) dropped by　　　　　drop byの過去形

語注

□ **drop by** 〜に立ち寄る

25. In the past ten years, Giordano Café has served free coffee with cake orders, which in ------- has proven successful but is affecting profits.

(A) their
(B) them
(C) itself
(D) it

25. 語法を問う問題

これは空所前後を確認し、in itselfで「それ自体は、本質的には」という意味になることを知っていればすぐに解ける問題です。(A)は修飾するべき名詞が空所直後にないので不正解です。(B), (D)はそれぞれin them, in itだとすると「それ（ら）の中で成功したが」という意味になってしまうので、何の中で成功したのか意味が通じなくなります。音読の際には動詞serveの使い方にも注意して復習しておきましょう。ここでは他動詞として機能しています。なお、whichは関係代名詞で、直前のカンマまでの内容を指しています。

serveは他にも下記のような使い方があります。

serve the purpose　目的にかなう

serve customers　客対応をする、接客をする

serve a meal　食事を出す

serve as a tour guide　ツアーガイドとして働く

訳 過去10年間Giordano Caféでは、ケーキの注文には無料のコーヒーを提供し、それ自体は成功しているが、利益に影響を与えている。

(A) their　　[所有格代名詞] 彼らの

(B) them　　[目的格代名詞] 彼らを (に)

(C) itself　　[再帰代名詞] それ自体

(D) it　　　[主格／目的格代名詞] それは、それを (に)

語注

□ **serve** 動 ～を提供する

□ **order** 名 注文

□ **prove** 動 ～であると示す

□ **affect** 動 ～に影響を与える

□ **profit** 名 利益

26. With factories in four countries, Ingex Corporation now produces 210 products -------.

(A) opposite
(B) seldom
(C) altogether
(D) quite

26. 語法を問う問題

正解 (C)

まず、構文を確認すると主語がIngex Corporation、動詞が
producesで、その目的語は210 productsです。また、文頭
のWithから始まる句の意味は「4カ国に工場を持ってい
る」ということなので、その4カ国の工場全部合わせて210
の製品を作っていると考えると (C) が正解ということがわか
ります。(A)や (B), (D) は文末に置くことができません。
altogetherは「全部で、全体で」という意味で用いられる場
合、文頭に置かれることも珍しくありません。また、「全く、
完全に」という意味でも使われます。disappear altogether
「完全に消える」、altogether different「完全に異なる」など
の用法も覚えておきましょう。

withで始まる副詞句は節ではないので主語と動詞はな
いことに注目しながら音読をしましょう。Part 5では瞬
時に構文を把握することで正解を選ぶ時間を短縮する
ことができます。そのためには音読時にも句や節をしっ
かり意識することが重要です。

訳 Ingex Corporationは4カ国に工場を持ち、現在全体で210種類の
製品を生産している。

(A) opposite 形 反対側の　前 ～の反対側に
(B) seldom 副 めったに～しない
(C) altogether 副 全体で、まとめて
(D) quite 副 まったく、すっかり、大変に

語注

□ **factory** 名 工場
□ **produce** 動 ～を生産する
□ **product** 名 製品

27. Customers looking for ------- products can check whether or not they are in stock by accessing the Web site.

(A) considerable
(B) specific
(C) constant
(D) inclusive

27. 語彙を問う問題

正解 (B)

選択肢には意味の異なる形容詞が並んでいる語彙問題です。文の構造を確認すると、主語が Customers、動詞が can check です。この Customers がどんな商品を探しているかはさらに範囲を広げて文意を確認する必要があります。文の後半では「Web サイトにアクセスして、その商品が在庫としてあるかどうか確認できる」とあるので、「特定の商品を探している客」ということで (B) が正解となります。(A) や (C) も products を修飾する形容詞として可能性はありますが、その場合「重要な商品」や「不変の商品」の定義がはっきりしてないため、「在庫を確認する」という文意に合いません。完全に間違いとは言い切れませんが、Part 5 のミッションは Select the best answer to complete the sentence. ですから、(B) が正解となります。

音読の際には、looking for specific products の部分が customers を後置修飾していて、それ全体が長い主語になっていることを意識しましょう。

訳 特定の商品を探しているお客様は、Web サイトにアクセスして在庫の有無を確認することができる。

(A) considerable 形 かなりの、重要な
(B) specific 形 明確な、特定の
(C) constant 形 持続する、不変の
(D) inclusive 形 すべてを含んだ、包括した

語注

□ **look for** 〜を探す
□ **whether or not** 〜かどうか
□ **in stock** 在庫の（ある）
□ **access** 動 〜にアクセスする

28. An extension ------- to the library to house a new reference section and the archive of rare books.

(A) being added
(B) have added
(C) has been added
(D) add

28. 文法事項を問う問題

正解 (C)

動詞の適切な形を選ぶ問題のポイントは「主述の一致・時制・態」でしたね。英文で見ると、空所の後ろは文の骨格には関係のない飾りの部分だとわかります。主語は An extension です。主述の一致でアプローチすると、複数形に対応している (B)、(D) は正解になりません。次に時制ですが、この文には時制を特定できるキーワードがありません。となると次は態です。空所の後ろに目的語がなく、add の目的語が主語となっていて文頭に出たと考えられることから、受動態を選択します。(A) は being が現在分詞となっているので正解の候補から外れます。残った (C) が正解ということになります。is added、will be added、was added なども正解になり得ます。

ここでは、house が「〜を収納する」という他動詞で使われていることも音読で意識しながら復習しておいてください。

訳 新しい閲覧セクションや貴重書のアーカイブを収納するため、図書館に増築部が追加された。

(A) being added　　動 add の受動態・現在進行形
(B) have added　　動 add の現在完了形
(C) has been added　動 add の受動態・現在完了形
(D) add　　　　　　動 add の原形

語注

☐ **extension**　名 増築部分
☐ **house**　動 〜を収容する、収納する
☐ **reference**　名 参照、言及
☐ **rare**　形 珍しい

29. Replacing the packaging machine will be
------- costly, but the one we are currently
using is old and inefficient.

(A) at least
(B) quite
(C) enough
(D) lately

29. 語彙を問う問題

正解 (B)

選択肢には副詞として使われる単語や表現が並んでいます。語彙問題は通常空所前後だけでは解けないので、文全体を確認しましょう。文意としては「包装機の交換」の話をしていて、途中but「しかし」と文が続き「古くて効率が悪い」とのことなので「かなりお金がかかる」という文意となる(B)が正解です。他の選択肢は文意に合いません。さらに(C)がcostlyを修飾する場合はcostly enoughと後ろに置かれます。(D)は基本的に現在完了形の文で使われるため時制も合いません。

costlyはlyで終わっている単語なので副詞のように見えますが、形容詞であることを意識して復習しましょう。このように名詞にlyがついて形容詞になるものとしてはfriendlyやtimelyがあります。一般的に、名詞にlyが付くと形容詞化する傾向があります。また形容詞にlyがついて副詞になるものの例としては、carefullyやkindlyがあります。

訳 包装機の交換にはかなりの費用がかかるが、現在使っているものは古くて効率が悪い。

(A) at least　少なくとも
(B) quite　**副** まったく、すっかり、大変に
(C) enough　**副** 十分に、足りるだけ
(D) lately　**副** 最近、近ごろ

語注

□ **costly**　**形** 高価な、お金のかかる
□ **currently**　**副** 現在
□ **inefficient**　**形** 非効率な

30. ------- after Ms. Tanaka was promoted to department head, many of the section's policies were updated.

(A) Soon
(B) Nearly
(C) Recently
(D) Already

30. 語彙を問う問題

正解 (A)

選択肢の前には異なる意味の副詞が並んでいる語彙問題です。soon after で「〜後すぐに」という表現を知っていれば見た瞬間に解くことができる問題で (A) を正解として選ぶことができます。知らなかった場合は、音読で復習し、じっくり考えなくても soon after の表現が思い浮かぶまで知識を定着させましょう。

soon after の他には shortly after、promptly after、immediately after も「直後に」の意味になるので、併せて覚えておきましょう。

訳 Ms. Tanaka が部長に昇進した直後、部門ポリシーの多くが更新された。

(A) Soon 　　副 まもなく、すぐ
(B) Nearly 　　副 ほとんど、もう少しで
(C) Recently 　副 最近、近頃
(D) Already 　副 すでに

語注

□ **promote** 動 〜を昇進させる、促進させる
□ **policy** 名 ポリシー、方針

　自信があった問題・なかった問題・間違えた問題の数を、
それぞれメモしておきましょう。

100%自信を持って正解	問
なんとなく正解	問
間違えた	問

　問題を解いて、間違いを確認し、次のToDoリストを使っ
て1問1問丁寧に復習しましょう。

Part 5　復習ToDoリスト

☑ **知らない単語・表現を調べる**

☑ **文法構造を確認する**

☑ **間違えた要因を分析する（文法知識不足・未知語）**

　空所前後のフレーズだけではなく1文まるごと味わうように音読をしましょう。文の中で今回空所として問われなかった部分が文法を問う問題や語彙を問う問題として出題される可能性もあります。短い文の中に大事なポイントがいくつも含まれているのですべての単語や表現に意識を傾け音読をしてみてください。

🚃 音読のやり方

① 周りを気にせず声をはっきり出せる環境を準備する
② 文構造（どこが主語で、どれが動詞で、目的語か）を把握する
③ 詰まらずスラスラ読めるまで声に出して読む

Part 5　音読チェックリスト

☑ **文法構造を確認した**
☑ **文頭からピリオドまで1カ所も詰まることなくスラスラ言えた**
☑ **意味を理解しながらスラスラ言えた**
☑ **小声ではなく、ハキハキ声を出して言えた**